초등
국어 **어휘력이
독해력이다**

1 단계 **B**

특징

독해 전, 어휘 먼저 학습!

〈초등 국어 어휘력이 독해력이다 1단계 B〉는 '낱말 → 짧은 글 → 긴 글'로 이어지는 3단계 학습법으로 독해의 기본기를 다질 수 있도록 구성하였습니다.

1단계 〈독해 준비〉 **낱말**로 만나기 → 2단계 〈독해 맛보기〉 **짧은 글**로 만나기 → 3단계 〈독해〉 **긴 글**로 만나기

〈독해〉 지문 속 어휘 익히기　　〈독해〉 지문 일부 맛보기　　〈독해〉 하기

사회, 예술, 문화, 과학 + 초등 교과서 바/슬/즐 연계

〈초등 국어 어휘력이 독해력이다 1단계 A〉는
사회, 예술, 문화, 과학 분야의 다양한 내용과 1학년군 〈바른 생활〉, 〈즐거운 생활〉, 〈슬기로운 생활〉의 학습 성취기준을 연계한 주제로 지문을 구성했습니다. 학습 어휘 또한 교과서에서 자주 사용되는 어휘를 중심으로 구성했습니다.

구성

3단계 학습	**1**	**낱말로 만나기** 이미지로 어휘 배우기	독해 지문 속 어휘 중 4개의 어휘를 먼저 학습합니다. 이미지를 통해 어휘의 의미 및 쓰임새를 쉽게 익힐 수 있습니다.	
	2	**짧은 글로 만나기** 짧은 글로 독해 맛보기	학습 어휘가 포함된 짧은 글을 읽습니다. 2~5문장의 짧은 글을 읽고, 글을 이해했는지 확인하는 문제를 풉니다.	
	3	**긴 글로 만나기** 긴 글로 진짜 독해하기	짧은 글이 포함된 긴 글을 읽습니다. 글을 읽고 글의 세부 내용 확인하기, 글의 흐름 이해하기, 글의 주제 파악하기 등 글을 이해하는 능력(독해력)을 기를 수 있는 문제를 풉니다. 앞서 2단계에서 독해 연습을 했기 때문에 좀 더 쉽게 독해를 할 수 있습니다.	
복습		**확인 학습** 학습 어휘 쓰기	앞서 배운 학습 어휘를 직접 써 보면서 어휘를 다시 한번 확인합니다.	
쉬어 가기		**쉬어가기** 배경지식 넓히기	해당 단원에서 다룬 주제와 관련된 글이나 그림 등을 통해 배경지식을 넓힐 수 있습니다.	

차례

문화

과학

공부 계획표

주 5회, 총 4주간의 학습으로 독해력을 기를 수 있어요.
활용 방법 : 공부한 날짜를 쓰고, ◌에 색칠하세요.

사회	01일차	02일차	03일차	04일차	05일차
	월 ___ 일	월 ___ 일	월 ___ 일	월 ___ 일	월 ___ 일

예술	06일차	07일차	08일차	09일차	10일차
	월 ___ 일	월 ___ 일	월 ___ 일	월 ___ 일	월 ___ 일

문화	11일차	12일차	13일차	14일차	15일차
	월 ___ 일	월 ___ 일	월 ___ 일	월 ___ 일	월 ___ 일

과학	16일차	17일차	18일차	19일차	20일차
	월 ___ 일	월 ___ 일	월 ___ 일	월 ___ 일	월 ___ 일

사회

정답과 해설 128쪽

낱말로
만나기

1 바른 문장이 되도록 선으로 연결하세요.

미용사  가 .... 불을 꺼요.

소방관  이 .... 머리를 잘라요.

경찰관  이 .... 동네를 지켜요.

환경미화원  이 .... 거리를 청소해요.

2 [보기]처럼 바른 문장이 되도록 알맞은 낱말을 골라 ○하세요.

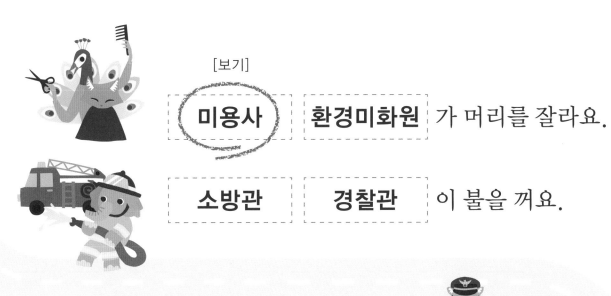

[보기]

(미용사) 　환경미화원 　가 머리를 잘라요.

소방관 　경찰관 　이 불을 꺼요.

미용사 　경찰관 　이 동네를 지켜요.

환경미화원 　소방관 　이 거리를 청소해요.

짧은 글로
만나기

직업은 돈을 벌기 위해 하는 일을 말해요.

무지개 마을에는 다양한 직업을 가진 동물들이 살아요.

공작새의 직업은 **미용사**예요.

다른 동물들의 머리를 잘라 주지요.

코끼리의 직업은 **소방관**이에요.

불이 나면 불을 끄지요.

3 공작새의 직업은 무엇인가요?

미용사	소방관

4 불이 나면 불을 끄는 일을 하는 동물은 누구인가요?

공작새　　　코끼리

▲ 다음 글을 읽고, 질문에 알맞은 답을 골라 ○ 하세요. [5~6]

무지개 마을에는 다양한 직업을 가진 동물들이 살아요.

호랑이의 직업은 **경찰관**이에요.

동네를 지켜 주지요.

고양이의 직업은 **환경미화원**이에요.

거리를 청소하지요.

5 호랑이의 직업은 무엇인가요?

| 경찰관 | 환경미화원 |

6 거리를 청소하는 일을 하는 동물은 누구인가요?

| 고양이 | 호랑이 |

동화

무지개 마을의 동물들

무지개 마을에는 다양한 직업을 가진 동물들이 살아요.

공작새의 직업은 미용사예요. 무지개 마을에 사는 동물들의 머리를 자르거나 다듬어 주는 일을 하지요.

코끼리의 직업은 소방관이에요. 불이 나면 달려가 불을 끄고, 위험에 빠진 동물들을 도와주어요.

호랑이의 직업은 경찰관이에요. 무지개 마을을 안전하게 지켜 주지요.

고양이의 직업은 환경미화원이에요. 거리를 깨끗하게 청소하는 일을 해요. 고양이 덕분에 무지개 마을은 항상 깨끗하답니다.

7 빈칸에 들어갈 알맞은 동물은 누구인가요? ○ 하세요.

> 고양이네 집에 불이 나서 소방관인 ☐ 가 달려가 불을 껐어.

공작새	코끼리

호랑이

8 무지개 마을에 사는 동물들이 자기소개를 해요. 잘못 말한 동물은 누구인가요? ○ 하세요.

나는 미용사야.
공작새

나는 소방관이야.
코끼리

나는 경찰관이야.
호랑이

나는 의사야.
고양이

9 빈칸에 들어갈 알맞은 낱말을 글에서 찾아 쓰세요.

무지개 마을에는 미용사, 소방관, 경찰관, 환경미화원 등 다양한 ☐☐ 을 가진 동물들이 살고 있습니다.

02 | 개미와 베짱이
동화

정답과 해설 130쪽

낱말로
만나기

1 바른 문장이 되도록 선으로 연결하세요.

| 개미가 | 베짱이가 | 베짱이가
개미를 | 개미가
음식을 |

바보 같아!

같이 먹자.

놀아요.   일해요.   나누어요.   놀려요.

2 [보기]처럼 바른 문장이 되도록 알맞은 낱말을 골라 ○하세요.

개미가 ┊ **일해요** ┊ **놀아요** ┊ .

[보기]

베짱이가 ┊ **일해요** ┊ (**놀아요**) ┊ .

바보 같아!

같이 먹자.

베짱이가 개미를 ┊ **놀려요** ┊ **나누어요** ┊ .

개미가 음식을 ┊ **놀려요** ┊ **나누어요** ┊ .

짧은 글로
만나기

"겨울에 먹을 음식을 미리 준비해야지."

더운 여름, 개미는 열심히 **일했어요**.

베짱이는 시원한 그늘에서

노래를 부르며 **놀기만** 했어요.

3 더운 여름, 개미는 무엇을 했나요?

신나게 놀았어요.

열심히 일했어요.

4 여름에 베짱이는 무엇을 부르며 놀았나요?

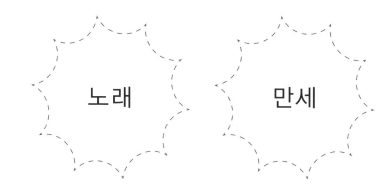

노래   만세

베짱이는 일만 하는 개미가 바보 같다며 **놀렸어요**.

추운 겨울이 되었어요.

베짱이가 추워서 덜덜 떨며 개미의 집을 찾아갔어요.

개미는 베짱이에게 음식을 **나누어** 주었어요.

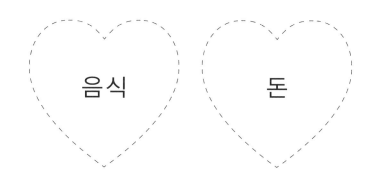

5 베짱이는 일만 하는 개미가 무엇 같다며 놀렸나요?

| 바보 | 못난이 |

6 추운 겨울, 개미는 베짱이에게 무엇을 나누어 주었나요?

음식   돈

긴 글로
만나기

동화

개미와 베짱이

"영차영차, 겨울에 먹을 음식을 미리 준비해야지."

더운 여름, 개미는 열심히 일했어요. 하지만 베짱이는 시원한 그늘에서 노래를 부르며 놀기만 했어요. 그리고 일만 하는 개미가 바보 같다며 놀렸어요.

어느덧 추운 겨울이 왔어요. 베짱이는 춥고 배가 고팠지만, 여름 내내 놀기만 해서 먹을 것이 없었어요. 베짱이는 추워서 덜덜 떨며 개미의 집을 찾아갔어요.

"개미야, 나에게 먹을 것을 좀 주겠니?"

개미는 베짱이에게 음식을 나누어 주었어요. 베짱이는 여름에 놀기만 한 것을 후회했어요. 그리고 앞으로는 개미처럼 미리미리 겨울을 준비해야겠다고 다짐했어요.

7 베짱이가 언제 개미의 집에 찾아 갔나요? ○ 하세요.

봄

여름

가을

겨울

8 베짱이에 대해 <u>잘못</u> 이야기한 사람은 누구인가요? ○ 하세요.

지연: 베짱이는 여름에 노래를 부르며 놀기만 했어.

윤아: 베짱이는 여름에 일만 하는 개미를 바보 같다며 놀렸어.

은찬: 베짱이는 겨울에 개미에게 음식을 나누어 주었어.

9 빈칸에 들어갈 알맞은 낱말을 글에서 찾아 쓰세요.

베짱이는 개미처럼 미리미리 겨울을 [   ][   ] 해야겠다고 다짐했습니다.

03 | 재활용 화분 만들기
그림일기

정답과 해설 132쪽

낱말로
만나기

1 바른 문장이 되도록 선으로 연결하세요.

병을 　　　　　　　　　　　**모아요.**

병을 　　　　　　　　　　　**씻어요.**

병을 　　　　　　　　　　　**뚫어요.**

병에  구멍을　　　　　　　**잘라요.**

2 [보기]처럼 바른 문장이 되도록 빈칸에 알맞은 낱말을 골라 선으로 연결하세요.

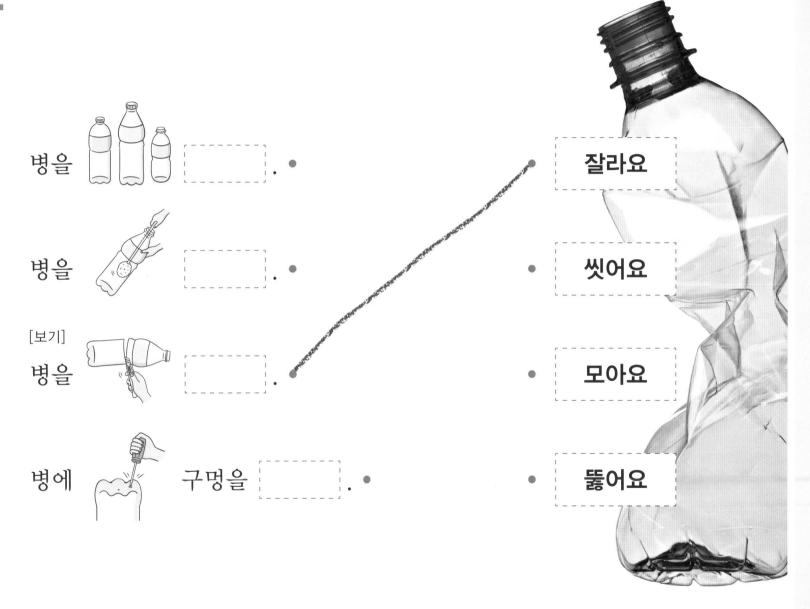

병을 [   ]. •

병을 [   ]. •

[보기]
병을 [   ]. •

병에 구멍을 [   ]. •

• **잘라요**

• **씻어요**

• **모아요**

• **뚫어요**

짧은 글로
만나기

[은찬이의 일기]

재활용은 다 쓴 물건을 다시 쓸 수 있게 하는 것을 말해요.

오늘 학교에서 재활용 화분을 만들었다.

나는 그동안 **모은** 페트병으로 화분을 만들었다.

먼저 페트병을 깨끗하게 **씻었다**.

3 은찬이는 그동안 모은 무엇으로 재활용 화분을 만들었나요?

종이

페트병

4 은찬이는 먼저 페트병을 어떻게 했나요?

깨끗하게 씻었어요.

알록달록 색칠했어요.

▲ 다음 글을 읽고, 질문에 알맞은 답을 골라 ○ 하세요. [5~6]

[은찬이의 일기]

오늘 학교에서 페트병으로 재활용 화분을 만들었다.

나는 페트병을 씻은 다음 칼로 **잘랐다**.

그리고 페트병 바닥에 구멍을 **뚫었다**.

5 은찬이는 페트병을 무엇으로 잘랐나요?

칼

자

6 은찬이는 페트병 어디에 구멍을 뚫었나요?

바닥

입구

긴 글로 **만나기**

그림일기

제목	재활용 화분 만들기	학년/반/이름	1학년 2반 정은찬
날짜	20○○년 7월 ○일 ○요일	날씨	비가 주룩주룩

그림	
글	오늘 학교에서 재활용 화분을 만들었다. 나는 그동안 모은 페트병으로 화분을 만들었다. 먼저 페트병을 깨끗하게 씻었다. 그다음 페트병을 칼로 잘랐다. 그리고 페트병 바닥에 구멍을 뚫었다. 바닥에 구멍을 뚫지 않으면, 물이 빠지지 않아서 식물이 죽을 수도 있다고 선생님께서 알려 주셨다. 나는 완성된 재활용 화분에 토마토를 옮겨 심었다. 페트병으로 화분을 만들 수 있다는 게 신기하고, 재미있었다.

7 은찬이는 재활용 화분에 무엇을 옮겨 심었나요? ○ 하세요.

강낭콩

토마토

옥수수

8 재활용 화분을 만들 때, 은찬이는 그림과 같이 한 다음에 무엇을 했나요? ○ 하세요.

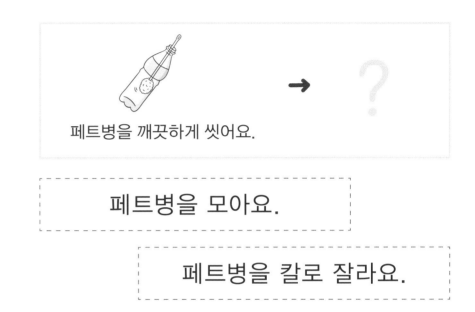

페트병을 깨끗하게 씻어요.

페트병을 모아요.

페트병을 칼로 잘라요.

9 빈칸에 들어갈 알맞은 낱말을 글에서 찾아 쓰세요.

은찬이는 페트병으로 만든 ☐☐☐ 화분에 토마토를 옮겨 심었습니다.

04 공공장소에서 지켜야 할 규칙
설명문

공부한 날
 월 □ 일

정답과 해설 134쪽

낱말로
만나기

1 바른 문장이 되도록 선으로 연결하세요.

미술관 에서   영화를 보아요.

영화관 에서   산책해요.

공원  에서   책을 읽어요.

도서관  에서   미술품을 보아요.

2 [보기]처럼 바른 문장이 되도록 빈칸에 알맞은 낱말을 골라 선으로 연결하세요.

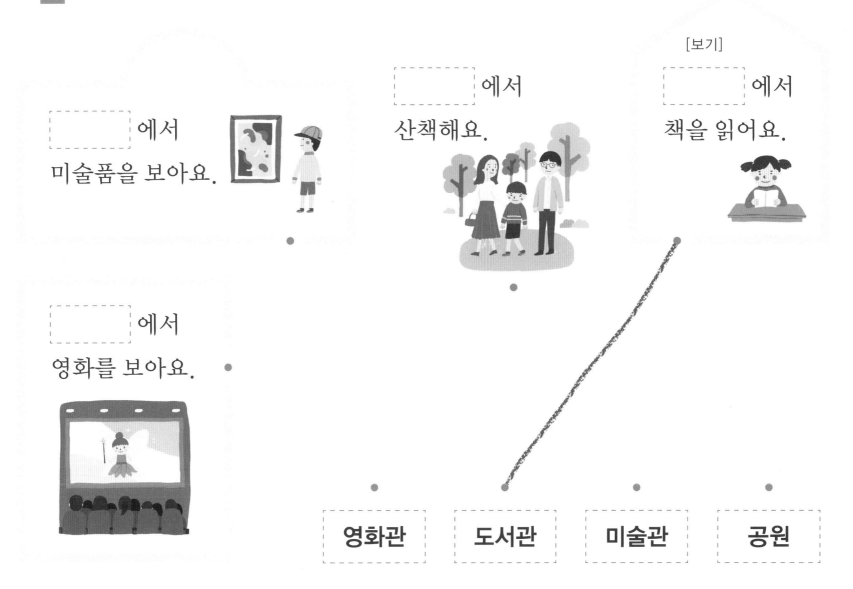

에서
산책해요.

에서
책을 읽어요.

에서
미술품을 보아요.

에서
영화를 보아요.

영화관   도서관   미술관   공원

짧은 글로
만나기

미술관, 영화관 등 공공장소는
여러 사람이 함께 이용하는 곳입니다.
미술관은 미술품을 볼 수 있는 곳입니다.
영화관은 영화를 볼 수 있는 곳입니다.

미술품은 그림이나 조각 작품을 말해요.

3 미술품을 볼 수 있는 공공장소는 어디인가요?

공원

미술관

4 영화관은 무엇을 볼 수 있는 공공장소인가요?

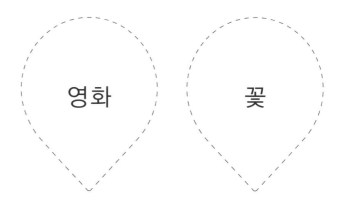

영화

꽃

▲ 다음 글을 읽고, 질문에 알맞은 답을 골라 ○ 하세요. [5~6]

공원, 도서관 등 공공장소는
여러 사람이 함께 이용하는 곳입니다.
공원은 산책할 수 있는 곳입니다.
도서관은 책을 읽거나 빌릴 수 있는 곳입니다.

5 산책할 수 있는 공공장소는 어디인가요?

| 공원 | 도서관 |

6 도서관은 무엇을 할 수 있는 공공장소인가요?

| 책 읽기 | 공차기 |

설명문

긴 글로
만나기

공공장소에서 지켜야 할 규칙

미술관, 영화관, 공원, 도서관 등 공공장소는 여러 사람이 함께 이용하는 곳입니다. 다른 사람과 함께 이용하기 때문에 지켜야 할 규칙이 있습니다.

미술관은 미술품을 볼 수 있는 곳입니다. 미술관에서는 전시된 미술품을 함부로 만지면 안 됩니다.

영화관은 영화를 볼 수 있는 곳입니다. 영화관에서는 앞좌석을 발로 차거나 큰 소리로 이야기하면 안 됩니다.

공원은 산책할 수 있는 곳입니다. 공원에서는 쓰레기를 아무 데나 버리거나 꽃을 꺾으면 안 됩니다.

도서관은 책을 읽거나 빌릴 수 있는 곳입니다. 도서관에서는 책에 낙서하거나 책을 찢으면 안 됩니다.

7 '이곳'은 어디인가요? ○ 하세요.

'이곳'은 책을 읽거나 빌릴 수 있는 공공장소예요.

미술관	영화관
공원	도서관

8 어떤 공공장소에서 지켜야 할 규칙인가요? ○ 하세요.

- 꽃을 꺾지 않아요.
- 쓰레기는 쓰레기통에 버려요.

미술관	영화관
공원	도서관

9 빈칸에 들어갈 알맞은 낱말을 글에서 찾아 쓰세요.

미술관, 영화관, 공원, 도서관 등  에서 는 규칙을 지켜야 합니다.

공부한 날

 월

 일

★ 다양한 직업에 대해 알아보아요.

● 흐린 낱말을 따라 쓰세요.

 미 용 사 가 머리를 잘라요.

소 방 관 이 불을 꺼요.

 경 찰 관 이 동네를 지켜요.

환 경 미 화 원 이 거리를 청소해요.

★ 개미와 베짱이의 이야기예요.

● 흐린 낱말을 따라 쓰세요.

개미가 일해요.

베짱이가 놀아요.

베짱이가 개미를 놀려요.

개미가 음식을 나누어요.

바보 같아!

같이 먹자.

★ 재활용 화분을 만들어 보아요.

● 흐린 낱말을 따라 쓰세요.

병을 모 아 요 .

병을 씻 어 요 .

병을 잘 라 요 .

병에 구멍을 뚫 어 요 .

★ 공공장소에 대해 알아보아요.

● 흐린 낱말을 따라 쓰세요.

공 원 에서
산책해요.

도 서 관 에서
책을 읽어요.

영 화 관 에서
영화를 보아요.

미 술 관 에서
미술품을 보아요.

공공장소에서 지켜야 할 규칙

공중화장실

- 한 줄로 서서 차례를 기다려요.
- 들어가기 전에 노크해요.
- 볼일을 본 다음에 물을 내려요.

식당

- 음식을 바닥에 흘리지 않도록 조심해요.
- 뛰거나 장난치지 않아요.
- 음식을 던지는 등 음식으로 장난치지 않아요.

놀이터

- 질서를 지키며 놀이 기구를 이용해요.
- 놀이 기구에서 위험한 행동을 하지 않아요.

예술

정답과 해설 136쪽

낱말로
만나기

1 바른 문장이 되도록 선으로 연결하세요.

피리  를   입으로 불어요.

소고 를   양손으로 부딪쳐요.

탬버린  을   나무 채로 두드려요.

심벌즈  를   한 손으로 흔들어요.

2 [보기]처럼 바른 문장이 되도록 알맞은 낱말을 골라 ○하세요.

[보기]

(피리)　탬버린　를 입으로 불어요.

 소고　심벌즈　를 나무 채로 두드려요.

탬버린　소고　을 한 손으로 흔들어요.

 피리　심벌즈　를 양손으로 부딪쳐요.

짧은 글로
만나기

연주는 악기를 다루어서 소리를 들려주는 것을 말해요.

악기에 따라 연주 방법이 다릅니다.

피리는 입으로 불어서 연주합니다.

소고는 나무 채로 두드려서 연주합니다.

3 입으로 불어서 연주하는 악기는 무엇인가요?

소고

피리

4 소고는 무엇으로 두드려서 연주하나요?

나무 채

돌

악기에 따라 연주 방법이 다릅니다.

탬버린은 한 손으로 흔들어서 연주합니다.

심벌즈는 양손으로 부딪쳐서 연주합니다.

5 한 손으로 흔들어서 연주하는 악기는 무엇인가요?

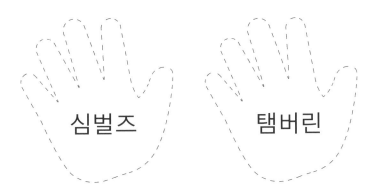

심벌즈   탬버린

6 심벌즈는 어떻게 연주하나요?

양손으로 부딪쳐서

양손으로 흔들어서

긴 글로
만나기

악기를 연주하는 방법

악기에 따라 연주 방법이 다릅니다.

피리는 긴 막대 모양의 악기입니다. 손가락으로 구멍을 막았다, 열었다 하며 입으로 불어서 연주합니다.

소고는 손잡이가 있는 동그란 모양의 악기입니다. 한 손에 소고를 들고, 나무 채로 두드려서 연주합니다.

탬버린은 동그란 모양의 악기입니다. 한 손으로 흔들어서 연주합니다.

심벌즈는 접시 모양의 악기입니다. 손잡이를 잡고, 양 손으로 부딪쳐서 연주합니다.

7 어떤 악기에 대한 설명인가요?
○ 하세요.

- 동그란 모양이에요.
- 나무 채를 사용해요.

피리	소고
탬버린	심벌즈

8 악기를 연주하는 방법을 <u>잘못</u> 설명한 것은 무엇인가요?
○ 하세요.

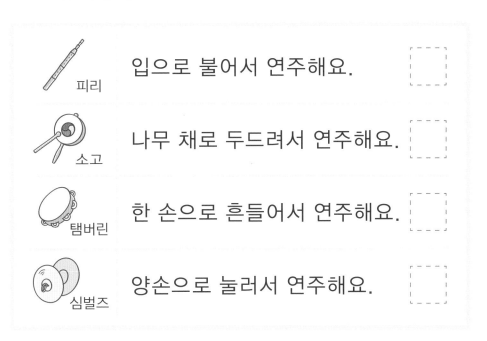

피리 — 입으로 불어서 연주해요.

소고 — 나무 채로 두드려서 연주해요.

탬버린 — 한 손으로 흔들어서 연주해요.

심벌즈 — 양손으로 눌러서 연주해요.

9 빈칸에 들어갈 알맞은 낱말을 글에서 찾아 쓰세요.

피리, 소고, 탬버린, 심벌즈 등 ⬚⬚ 에 따라 연주 방법이 다릅니다.

07 | 도자기 만드는 방법

설명문

정답과 해설 138쪽

낱말로
만나기

1

바른 문장이 되도록 선으로 연결하세요.

  가마

도자기
모양을

도자기를
그늘에서

도자기에
그림을

도자기를
가마에

만들어요. **그려요.** **말려요.** **구워요.**

2 [보기]처럼 바른 문장이 되도록 알맞은 낱말을 골라 ○ 하세요.

도자기 모양을 | 구워요 | 만들어요 | .

[보기]

도자기를 그늘에서 | 그려요 | 말려요 | .

도자기에 그림을 | 그려요 | 말려요 | .

도자기를 가마에 | 구워요 | 만들어요 | .

가마는 도자기를 굽는 시설이에요.

짧은 글로 만나기

[도자기 만드는 방법]

1. 찰흙으로 도자기 모양을 **만들어요**.

2. 도자기를 그늘에서 **말려요**.

3 도자기를 만들 때, 무엇으로 도자기 모양을 만드나요?

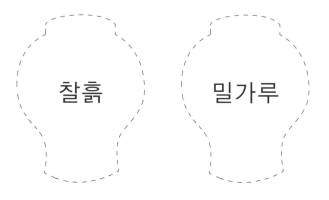

찰흙   밀가루

4 도자기를 만들 때, 도자기를 어디에서 말리나요?

햇볕   그늘

[도자기 만드는 방법]

3. 도자기에 물감으로 그림을 **그려요**.

4. 도자기를 가마에 **구워요**.

5 도자기를 만들 때, 도자기에 무엇으로 그림을 그리나요?

물감

연필

6 도자기를 만들 때, 도자기를 어디에 굽나요?

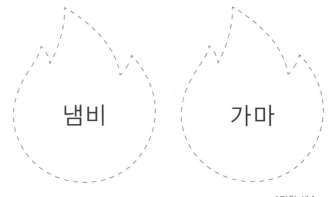

냄비

가마

설명문

도자기 만드는 방법

　도자기는 흙을 구워서 만든 그릇이에요. 도자기에는 작은 구멍이 있어요. 이 구멍으로 공기가 통해서 음식이 오랫동안 썩지 않아요. 그래서 우리 조상들은 옛날부터 도자기를 많이 사용했어요. 우리도 도자기를 만들어 볼까요?

재료	찰흙, 물감		
순서	1	찰흙으로 도자기 모양을 만들어요.	
	2	도자기를 그늘에서 말려요. 햇볕에서 말리면 도자기가 깨질 수 있어요.	
	3	도자기에 물감으로 그림을 그려요.	
	4	도자기를 가마에 구워요. 구우면 도자기가 단단해져요.	

7 도자기를 만들 때 필요한 재료는 무엇인가요? ○ 하세요.(2개)

가위

찰흙

물감

8 빈칸에 들어갈 알맞은 내용은 무엇인가요? ○ 하세요.

도자기 만들기

찰흙으로 도자기 모양을 만든 후, _____. 그다음, 도자기에 그림을 그려요.

도자기를 그늘에서 말려요

도자기를 가마에 구워요

9 빈칸에 들어갈 알맞은 낱말을 글에서 찾아 쓰세요.

☐☐☐ 는 흙을 구워서 만든 그릇입니다.

정답과 해설 140쪽

낱말로
만나기

1 바른 문장이 되도록 선으로 연결하세요.

함박눈이   함박눈이   눈을   눈덩이를

꾹꾹
뭉쳐요.

펑펑
내려요.

소복소복
쌓여요.

데굴데굴
굴려요.

2 [보기]처럼 바른 문장이 되도록 알맞은 낱말을 골라 ◯하세요.

함박눈이 　**펑펑**　 　**꾹꾹**　 내려요.

함박눈이 　**데굴데굴**　 　**소복소복**　 쌓여요.

[보기]

눈을 　**소복소복**　 　**꾹꾹**　 뭉쳐요.

눈덩이를 　**펑펑**　 　**데굴데굴**　 굴려요.

짧은 글로
만나기

밤새도록 함박눈이 **펑펑** 내렸어요.

마당에 함박눈이 **소복소복** 쌓였어요.

아빠와 함께 눈사람을 만들어요.

3 밤새도록 무엇이 '펑펑' 내렸나요?

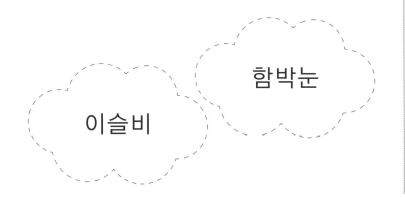

이슬비

함박눈

4 마당에 함박눈이 어떻게 쌓였나요?

부슬부슬

소복소복

손으로 눈을 **꾹꾹** 뭉쳐요.

눈덩이를 **데굴데굴** 굴려요.

아빠는 손이 커서 커다란 눈덩이.

나는 손이 작아서 작은 눈덩이.

5 손으로 무엇을 '꾹꾹' 뭉쳤나요?

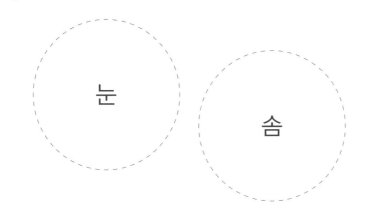

눈

솜

6 눈덩이를 어떻게 굴렸나요?

옹기종기

데굴데굴

긴 글로
만나기

동시

눈사람

밤새도록 함박눈이 펑펑 내렸어요

마당에 함박눈이 소복소복 쌓였어요

아빠와 함께 눈사람을 만들어요

손으로 눈을 꾹꾹 뭉쳐요

눈덩이를 데굴데굴 굴려요

아빠는 손이 커서 커다란 눈덩이

나는 손이 작아서 작은 눈덩이

커다란 눈덩이 위에 작은 눈덩이를 올려요

나뭇가지 눈, 코, 입을 붙여요

빨간 목도리까지 두르면, 눈사람 완성!

7 커다란 눈덩이를 만든 사람은 누구인가요? ○ 하세요.

친구

아빠

동생

8 '나'와 아빠가 함께 만든 눈사람은 어떤 모습인가요? ○ 하세요.

9 빈칸에 들어갈 알맞은 낱말을 글에서 찾아 쓰세요.

나는 아빠와 함께 [ ] [ ] [ ] 을 만들었습니다.

정답과 해설 142쪽

낱말로 만나기

1 바른 문장이 되도록 선으로 연결하세요.

밤이   달이   날개가   날개가

밝아요.   어두워요.   더러워요.   깨끗해요.

2 [보기]처럼 바른 문장이 되도록 알맞은 낱말을 골라 ○하세요.

밤이 　어두워요　　밝아요　.

날개가 　깨끗해요　　더러워요　.

달이 　어두워요　　밝아요　.

[보기]

날개가 　깨끗해요　　더러워요　.

짧은 글로
만나기

옛날 옛적에 세상에는 아무런 색도 없었어요.

항상 밤처럼 **어두웠지요**.

어느 날, 요정들이 해와 달을 색칠했어요.

그러자 낮에는 해가 비추고,

밤에는 달이 **밝게** 떴어요.

3 세상에 아무런 색도 없었을 때, 세상은 어떠했나요?

밤처럼 어두웠어요.

낮처럼 밝았어요.

4 요정들이 해와 달을 색칠한 후, 밤에는 무엇이 밝게 떴나요?

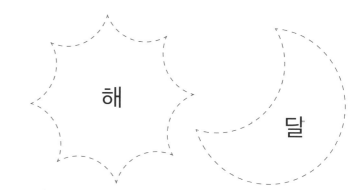

해

달

세상을 다 색칠하고 나니

요정들의 날개가 **더러워졌어요**.

그때, 요정 여왕님이 요정들에게

깨끗한 날개를 선물했어요.

5 세상을 다 색칠하고 나니 요정들의 날개가 어떻게 되었나요?

더러워졌어요.

없어졌어요.

6 요정 여왕님은 요정들에게 무엇을 선물했나요?

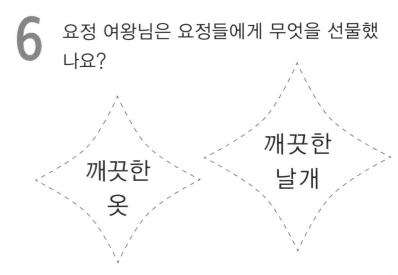

깨끗한 옷

깨끗한 날개

동화

세상의 색깔

옛날 옛적에 세상에는 아무런 색도 없었어요. 항상 밤처럼 어두웠지요. 어느 날, 요정 여왕님이 요정들에게 붓과 물감을 주며 세상을 색칠하라고 했어요.

요정들이 해와 달을 노란색으로 색칠하자 낮에는 해가 환하게 비추고, 밤에는 달이 밝게 떴어요. 그리고 산은 초록색, 바다는 파란색, 장미는 빨간색, 코스모스는 분홍색으로 색칠했어요. 세상에 다양한 색깔이 생겨났지요.

그런데 세상을 다 색칠하고 나니 요정들의 날개가 더러워졌어요. 요정들이 슬퍼하자, 요정 여왕님이 요정들에게 깨끗한 날개를 선물했어요. 다시 깨끗한 날개를 갖게 된 요정들은 신이 나서 하늘을 날아다녔어요.

7 빈칸에 들어갈 알맞은 내용은 무엇인가요? ○ 하세요.

┌─────────────┐
│ [　]으로 세 │
│ 상을 색칠하거라! │
└─────────────┘
요정 여왕님

┌──────────────┐
│ 우산과 장화 │
└──────────────┘

┌──────────────┐
│ 　가위와 풀 │
└──────────────┘

┌──────────────┐
│ 붓과 물감 │
└──────────────┘

8 요정들이 세상에 칠한 색과 <u>다른</u> 그림은 무엇인가요? ○ 하세요.

해와 달

산과 바다

장미와 코스모스

9 빈칸에 들어갈 알맞은 낱말을 글에서 찾아 쓰세요.

요정들 덕분에 세상에 다양한 [　 　]이 생겨났습니다.

확인 학습

어휘 복습하기

6-9일

공부한 날

 월

 일

★ 다양한 악기를 연주해 볼까요?

● 흐린 낱말을 따라 쓰세요.

 피 리 를 입으로 불어요.

소 고 를 나무 채로 두드려요.

 탬 버 린 을 한 손으로 흔들어요.

심 벌 즈 를 양손으로 부딪쳐요.

★ 도자기를 만드는 방법을 알아보아요.

● 흐린 낱말을 따라 쓰세요.

도자기 모양을 | 만 | 들 | 어 | 요 | .

도자기를 그늘에서 | 말 | 려 | 요 | .

도자기에 그림을 | 그 | 려 | 요 | .

도자기를 가마에 | 구 | 워 | 요 | .

★ 눈사람을 만들어요.

● 흐린 낱말을 따라 쓰세요.

함박눈이 펑 펑 내려요.

함박눈이 소 복 소 복 쌓여요.

눈을 꾹 꾹 뭉쳐요.

눈덩이를 데 굴 데 굴 굴려요.

★ 세상의 색깔이 생겨난 이야기예요.

밤이 어두워요.

달이 밝아요.

날개가 더러워요.

날개가 깨끗해요.

우리나라의 전통 악기

가야금

가야금은 길고 넓적한 몸통 위에 열두 개의 줄을 연결한 악기예요. 줄을 손으로 튕기면서 연주해요.

장구

장구는 허리가 가늘고 잘록한 통의 양쪽에 가죽을 씌운 악기예요. 얇은 채와 굵은 북채로 가죽을 두드려서 연주해요.

북

북은 나무로 만든 통의 양쪽에 가죽을 씌운 악기예요. 채로 가죽을 두드려서 연주해요.

문화

여러 가지 대중교통

우리나라의 민속놀이

지유의 추석

한복 입기 체험

11 여러 가지 대중교통

설명문

정답과 해설 144쪽

낱말로 만나기

1 바른 문장이 되도록 선으로 연결하세요.

버스 가 ·········· 도로를 다녀요.

지하철 이 ·········· 하늘을 날아요.

비행기  가 ·········· 철도를 다녀요.

배  가 ·········· 물 위를 다녀요.

2 [보기]처럼 바른 문장이 되도록 알맞은 낱말을 골라 ○ 하세요.

[보기]

비행기 　 버스 　 가 하늘을 날아요.

버스 　 배 　 가 도로를 다녀요.

비행기 　 지하철 　 이 철도를 다녀요.

철도

지하철 　 배 　 가 물 위를 다녀요.

▲ 다음 글을 읽고, 질문에 알맞은 답을 골라 ◯ 하세요. [3~4]

짧은 글로
만나기

대중교통은 여러 사람이 함께 이용하는 교통수단입니다.

버스는 도로를 다니는 대중교통입니다.

지하철은 철도를 다니는 대중교통입니다.

3 도로를 다니는 대중교통은 무엇인가요?

버스　　　지하철

4 지하철은 어디를 다니는 대중교통인가요?

철도　　　하늘

대중교통은 여러 사람이 함께 이용하는 교통수단입니다.

비행기는 하늘을 나는 대중교통입니다.

배는 물 위를 다니는 대중교통입니다.

5 하늘을 나는 대중교통은 무엇인가요?

비행기

배

6 배는 어디를 다니는 대중교통인가요?

도로 　물 위

설명문

여러 가지 대중교통

대중교통은 여러 사람이 함께 이용하는 교통수단입니다.

버스는 도로를 다니는 대중교통입니다. 도시 안에서 정해진 도로를 다니는 시내버스, 고속 도로를 이용하여 먼 거리를 빠른 속도로 다니는 고속버스 등이 있습니다.

지하철은 땅속의 철도를 다니는 대중교통입니다. 땅 위를 지나는 철도를 이용하는 지하철도 있습니다.

비행기는 하늘을 나는 대중교통입니다. 비행기는 빠른 속도로 먼 거리를 이동할 수 있습니다.

배는 물 위를 다니는 대중교통입니다. 강을 오가는 작은 배, 바다를 다니는 커다란 여객선 등이 있습니다.

7 다음 중 대중교통은 무엇인가요? ○하세요.(2개)

시내버스

여객선

자전거

8 대중교통에 대해 <u>잘못</u> 설명한 사람은 누구인가요? ○하세요.

영미

고속버스는 고속 도로를 이용하는 버스야.

지하철은 땅 위를 지나는 철도를 이용할 수 없어.

지훈

선우

여객선은 바다를 다니는 커다란 배야.

9 빈칸에 들어갈 알맞은 낱말을 글에서 찾아 쓰세요.

버스, 지하철, 비행기, 배 등 은 여러

사람이 함께 이용하는 교통수단입니다.

12 | 우리나라의 민속놀이
설명문

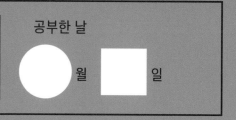

공부한 날
○ 월 □ 일

정답과 해설 146쪽

낱말로 만나기

1 바른 문장이 되도록 선으로 연결하세요.

널뛰기  는   줄을 잡아당기는 놀이예요.

줄다리기  는   화살을 던져 넣는 놀이예요.

투호 는   돌을 넘어뜨리는 놀이예요.

비사치기  는   널빤지를 번갈아 뛰는 놀이예요.

2 [보기]처럼 바른 문장이 되도록 알맞은 낱말을 골라 ○하세요.

널뛰기 비사치기 는 널빤지를 번갈아 뛰는 놀이예요.

[보기]

(줄다리기) 투호 는 줄을 잡아당기는 놀이예요.

투호 널뛰기 는 화살을 던져 넣는 놀이예요.

줄다리기 비사치기 는 돌을 넘어뜨리는 놀이예요.

짧은 글로
만나기

옛날부터 전해 내려오는 놀이를 '민속놀이'라고 해요.

널뛰기는 널빤지를 번갈아 뛰는 민속놀이예요.

줄다리기는 줄을 잡아당기는 민속놀이예요.

3 널빤지를 번갈아 뛰는 민속놀이는 무엇인가요?

| 널뛰기 | 줄다리기 |

4 줄다리기는 무엇을 잡아당기는 민속놀이인가요?

| 화살 | 줄 |

▲ 다음 글을 읽고, 질문에 알맞은 답을 골라 ○ 하세요. [5~6]

옛날부터 전해 내려오는 놀이를 '민속놀이'라고 해요.

투호는 화살을 던져 병 안에 넣는 민속놀이예요.

비사치기는 돌을 넘어뜨리는 민속놀이예요.

5 화살을 던져 병 안에 넣는 민속놀이는 무엇인가요?

| 투호 | 비사치기 |

6 비사치기는 무엇을 넘어뜨리는 민속놀이인가요?

| 돌 | 널빤지 |

긴 글로 만나기

설명문

우리나라의 민속놀이

옛날부터 전해 내려오는 놀이를 '민속놀이'라고 해요. 우리 조상들은 널뛰기, 줄다리기, 투호, 비사치기 등의 놀이를 즐겼어요.

널뛰기는 널빤지의 양쪽 끝에 한 사람씩 올라서서 번갈아 뛰는 놀이예요.

줄다리기는 줄을 잡아당기는 놀이예요. 양쪽에서 잡아당길 수 있도록 긴 줄을 사용해요.

투호는 화살을 던져 넣는 놀이예요. 병을 세워 놓고, 화살을 던져 병 안에 넣어요.

비사치기는 돌을 넘어뜨리는 놀이예요. 돌을 세워 놓고, 세워 놓은 돌을 다른 돌로 맞혀 넘어뜨려요.

7 다음 도구를 이용하는 민속놀이는 무엇인가요? ○ 하세요.

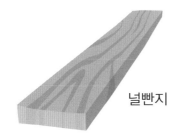

널빤지

널뛰기	줄다리기
투호	비사치기

8 빈칸에 들어갈 알맞은 민속놀이는 무엇인가요? ○ 하세요.

희진 : 추석에 언니랑 같이 [   ]를 했어. 병을 세워 놓고, 순서대로 화살을 던졌어. 내가 더 많은 화살을 넣어서 이겼어.

널뛰기	줄다리기
투호	비사치기

9 빈칸에 들어갈 알맞은 낱말을 글에서 찾아 쓰세요.

널뛰기, 줄다리기, 투호, 비사치기는 우리 조상들이 즐겼던 [   ]입니다.

정답과 해설 148쪽

낱말로
만나기

1 바른 문장이 되도록 선으로 연결하세요.

송편을   **차례**를   **햇과일**을   **강강술래**를

빚어요.   먹어요.   지내요.   해요.

2 [보기]처럼 바른 문장이 되도록 알맞은 낱말을 골라 ◯ 하세요.

송편 　 차례 　 을 빚어요.

차례 　 송편 　 를 지내요.

[보기]

강강술래 　 을 먹어요.

햇과일 　 강강술래 　 를 해요.

짧은 글로
만나기

우리나라의 명절, 추석이 다가와요.

추석 전날, 지유는 할머니와 함께 **송편**을 빚었어요.

추석날 아침, 지유네 가족은 **차례**를 지냈어요.

차례는 추석이나 설날에
지내는 제사를 말해요.

3 추석 전날, 지유는 할머니와 함께 무엇을 빚었나요?

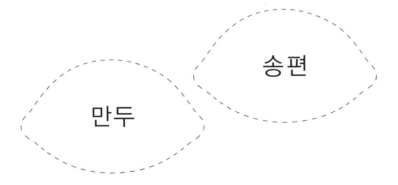

송편

만두

4 추석날 아침, 지유네 가족은 무엇을 했나요?

차례를 지냈어요.

송편을 먹었어요.

우리나라의 명절, 추석이에요.

추석날 아침, 지유는 감, 배 등 **햇과일**을 먹었어요.

추석날 저녁, 지유는 가족과 함께

강강술래도 했어요.

햇과일은 새로 난 과일을 말해요.

5 추석날 아침, 지유는 무엇을 먹었나요?

케이크

햇과일

6 추석날 저녁, 지유는 가족과 함께 무엇을 했나요?

강강술래

제기차기

생활문

지유의 추석

우리나라의 명절, 추석이 다가와요. 추석 전날, 지유는 가족과 함께 추석 음식을 만들었어요. 지유는 할머니와 함께 송편을 빚었어요. 송편은 지유가 가장 좋아하는 추석 음식이에요. 그리고 부모님과 전도 부쳤어요.

추석날 아침, 지유네 가족은 차례를 지냈어요. 미리 준비한 음식을 차례상에 올리고, 절을 했어요. 차례가 끝난 다음 송편도 먹고, 감이나 배 등 햇과일도 먹었어요.

추석날 저녁, 지유는 가족과 함께 강강술래를 했어요. 서로 손을 잡고 둥글게 서서, 빙글빙글 돌면서 노래를 불렀어요. 지유는 즐거운 추석을 보냈답니다.

7 지유가 가장 좋아하는 추석 음식은 무엇인가요? ○ 하세요.

송편

전

햇과일

8 빈칸에 들어갈 알맞은 내용은 무엇인가요? ○ 하세요.

지유 : 추석날 저녁에 가족과 함께 _____.
서로 손을 잡고 둥글게 서서, 빙글빙글 돌면서 노래를 불렀어.

강강술래를 했어

햇과일을 먹었어

9 빈칸에 들어갈 알맞은 낱말을 글에서 찾아 쓰세요.

지유는 [ ] 에 가족과 함께 송편을 빚고, 차례를 지내고, 햇과일을 먹고, 강강술래도 했습니다.

14 한복 입기 체험

체험 학습 보고서

공부한 날

◯ 월 ▢ 일

정답과 해설 150쪽

낱말로
만나기

1

바른 문장이 되도록 선으로 연결하세요.

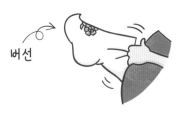
버선

저고리

고름

댕기

버선을   **저고리**를   **고름**을   **댕기**를

매요.   신어요.   입어요.   달아요.

2 [보기]처럼 바른 문장이 되도록 빈칸에 알맞은 낱말을 골라 선으로 연결하세요.

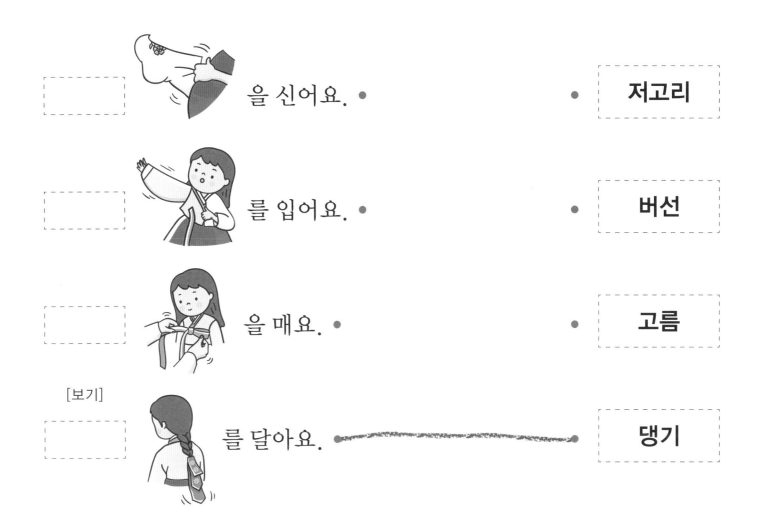

짧은 글로
만나기

[소영이의 체험 학습 보고서]

나는 부모님과 함께 한복 입기 체험을 했다.

나는 먼저 흰색 **버선**을 신었다.

그다음 노란색 **저고리**를 입었다.

3 소영이는 한복 입기 체험을 하면서, 무엇을 신었나요?

구두　　버선

4 소영이는 한복 입기 체험을 하면서, 어떤 색의 저고리를 입었나요?

노란색　　파란색

▲ 다음 글을 읽고, 질문에 알맞은 답을 골라 ○ 하세요. [5~6]

[소영이의 체험 학습 보고서]

나는 부모님과 함께 한복 입기 체험을 했다.

나는 저고리를 입은 다음, 저고리에 달린 **고름**을 맸다.

머리를 길게 땋고, 머리 끝에 **댕기**도 달았다.

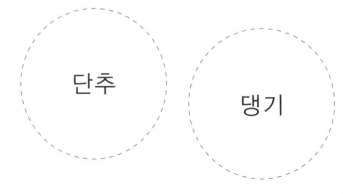

5 소영이는 한복 입기 체험을 하면서, 저고리에 달린 무엇을 맸나요?

고름	안전띠

6 소영이는 한복 입기 체험을 하면서, 머리 끝에 무엇을 달았나요?

단추

댕기

긴 글로 **만나기**

체험 학습 보고서

제목	한복 입기 체험	학년/반/이름	1학년 2반 최소영
날짜	20○○년 9월 ○일 토요일	장소	전주 한옥 마을
사진			
체험 내용	나는 부모님과 함께 한옥 마을에 가서 한복 입기 체험을 했다. 나는 먼저 흰색 버선을 신었다. 그다음 노란색 저고리를 입고, 빨간색 치마도 입었다. 그리고 저고리에 달린 고름을 맸다. 고름은 혼자 매기가 어려워서 어머니께서 도와주셨다. 마지막으로 머리를 길게 땋고, 머리끝에 파란색 댕기도 달았다.		
느낀 점	한복을 입고 한옥 마을을 구경하니까 내가 마치 옛날 사람이 된 것 같았다. 정말 재미있었다.		

7 소영이는 한옥 마을에 가서 어떤 체험을 했나요? ○ 하세요.

한복 입기

민속놀이 하기

전통 음식 요리하기

8 소영이는 한복 입기 체험에서 어떤 한복을 입었나요? ○ 하세요.

9 빈칸에 들어갈 알맞은 낱말을 글에서 찾아 쓰세요.

소영이는 버선 신기, 저고리와 치마 입기, 고름 매기, 댕기 달기 등 　　　　 입기 체험을 했습니다.

공부한 날

 월

 일

★ 여러 가지 대중교통을 알아보아요.

● 흐린 낱말을 따라 쓰세요.

버 스 가

도로를 다녀요.

지 하 철 이

철도를 다녀요.

비 행 기 가

하늘을 날아요.

배 가

물 위를 다녀요.

★ 우리나라의 민속놀이를 알아보아요.

● 흐린 낱말을 따라 쓰세요.

널 뛰 기 는 널빤지를 번갈아 뛰는 놀이예요.

줄 다 리 기 는 줄을 잡아당기는 놀이예요.

투 호 는 화살을 던져 병 안에 넣는 놀이예요.

비 사 치 기 는 돌을 넘어뜨리는 놀이예요.

★ 지유가 추석에 한 일이에요.

● 흐린 낱말을 따라 쓰세요.

 송 편 을 빚어요.

 차 례 를 지내요.

 햇 과 일 을 먹어요.

강 강 술 래 를 해요.

★ 한복을 입어 보아요.

● 흐린 낱말을 따라 쓰세요.

 버 선 을 신어요.

저 고 리 를 입어요.

 고 름 을 매요.

댕 기 를 달아요.

우리나라를 대표하는 것

우리나라의 국기, 태극기

태극기는 흰색 바탕에 가운데의 태극 문양과 네 모서리의 건곤감리로 구성되어 있어요.

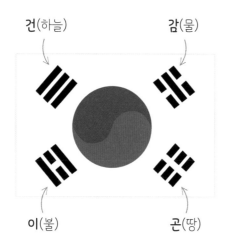

건(하늘)　　감(물)

이(불)　　곤(땅)

우리나라의 꽃, 무궁화

무궁화는 꽃잎이 다섯 장이에요. 꽃잎의 색깔은 분홍색, 하얀색, 보라색 등 다양해요. 무궁화는 어디서나 잘 자라요.

우리나라의 옷, 한복

한복을 입을 때 여자는 저고리와 치마, 남자는 저고리와 바지를 입어요.

과학

가을의 모습

잠자리의 먹이 사냥

눈이 왔어요

겨울 날씨를 알려요

정답과 해설 152쪽

낱말로
만나기

1 바른 문장이 되도록 선으로 연결하세요.

꽃이   **열매**가   **단풍**이   **낙엽**이

피어요.   떨어져요.   열려요.   들어요.

2 [보기]처럼 바른 문장이 되도록 빈칸에 알맞은 낱말을 골라 선으로 연결하세요.

이 피어요. •   • 단풍

가 열려요. •   • 꽃

이 들어요. •   • 열매

[보기]

이 떨어져요. •━━━━━━━━━• 낙엽

짧은 글로
만나기

가을이 되면 코스모스, 국화와 같은 **꽃**이 활짝 핍니다.

가을이 되면 나무에 **열매**도 열립니다.

가을에 나는 열매로는

사과, 감, 배, 대추, 도토리 등이 있습니다.

3 가을이 되면 어떤 꽃이 활짝 피나요?

개나리	코스모스

4 가을에 나는 열매는 무엇인가요?

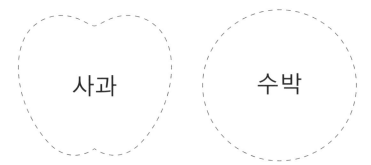

사과   수박

가을이 되면 **단풍**이 들어

나뭇잎이 붉은빛이나 누런빛으로 물듭니다.

가을이 깊어지면

낙엽이 떨어지는 것도 볼 수 있습니다.

5 단풍은 어느 계절에 볼 수 있나요?

봄	여름
가을	겨울

6 가을이 깊어지면 무엇이 떨어지는 것을 볼 수 있나요?

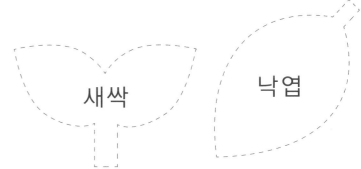

새싹   낙엽

설명문

긴 글로
만나기

가을의 모습

가을이 되면 우리 주변의 풍경이 달라집니다.

가을이 되면 코스모스, 국화와 같은 꽃이 활짝 핍니다.

가을이 되면 나무에 열매도 열립니다. 가을에 나는 열매로는 사과, 감, 배, 대추, 도토리 등이 있습니다.

가을이 되면 단풍도 듭니다. 여름내 초록색이던 나뭇잎이 붉은빛이나 누런빛으로 물듭니다.

가을이 깊어지면 낙엽이 떨어지는 것도 볼 수 있습니다. 낙엽은 나무가 겨울나기를 준비하면서 떨어뜨린 나뭇잎입니다.

7 가을에 볼 수 있는 풍경은 무엇인가요? ○ 하세요.(2개)

활짝 핀 코스모스

나무에 열린 귤

떨어지는 낙엽

8 가을에 볼 수 있는 나무의 모습은 어떠한가요? ○ 하세요.

9 빈칸에 들어갈 알맞은 낱말을 글에서 찾아 쓰세요.

[ ] 이 되면 코스모스가 피고, 사과가 열리고, 단풍이 들고, 낙엽이 떨어집니다.

17 잠자리의 먹이 사냥
설명문

정답과 해설 154쪽

낱말로
만나기

1 바른 문장이 되도록 선으로 연결하세요.

눈  으로   날아가요.

날개  로   먹이를 잡아요.

다리  로   먹이를 찾아요.

입 으로   먹이를 씹어 먹어요.

2 [보기]처럼 바른 문장이 되도록 빈칸에 알맞은 낱말을 골라 선으로 연결하세요.

[보기]

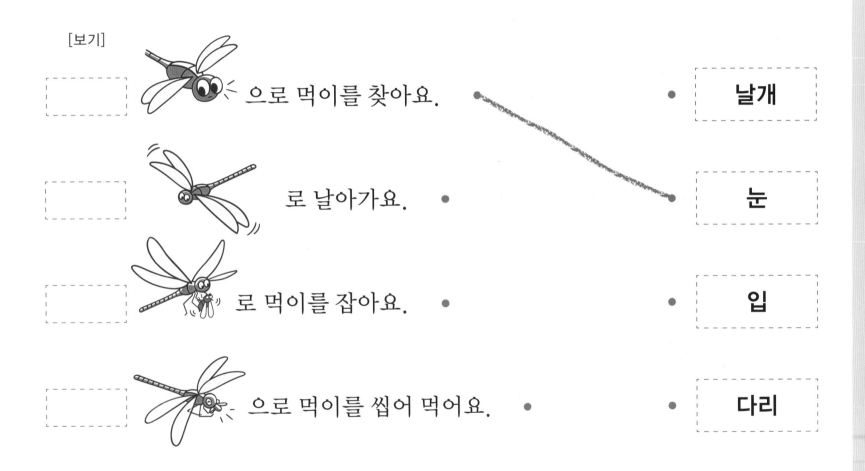

으로 먹이를 찾아요.

로 날아가요.

로 먹이를 잡아요.

으로 먹이를 씹어 먹어요.

날개

눈

입

다리

짧은 글로
만나기

잠자리는 하늘을 날아다니며 먹이를 사냥해요.

잠자리는 **눈**으로 먹이를 찾아요.

먹이를 발견하면, 네 장의 **날개**로 날아가요.

사냥은 힘이 센 짐승이 약한 짐승을
먹잇감으로 잡는 일을 말해요.

3 잠자리는 무엇으로 먹이를 찾나요?

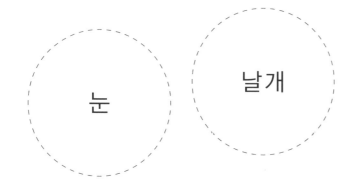

눈   날개

4 잠자리의 날개는 몇 장인가요?

한 장   네 장

잠자리는 여섯 개의 **다리**로 먹이를 잡아요.

다리에 가시가 있어서 먹이를 잘 잡을 수 있어요.

잠자리는 먹이를 잡은 후,

입으로 먹이를 씹어 먹어요.

5 잠자리는 무엇으로 먹이를 잡나요?

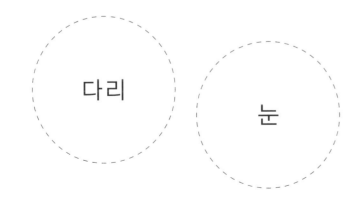

다리   눈

6 잠자리는 무엇으로 먹이를 씹어 먹나요?

입   날개

긴 글로
만나기

잠자리의 먹이 사냥

잠자리는 하늘을 날아다니며 먹이를 사냥해요. 파리, 모기, 벌 같은 작은 곤충을 먹고 살지요. 잠자리가 먹이를 사냥하는 방법에 대해 알아볼까요?

먼저, 눈으로 먹이를 찾아요. 잠자리의 눈은 머리의 대부분을 차지할 만큼 커요. 그래서 작은 먹이도 잘 찾아요.

먹이를 발견하면, 네 장의 날개로 날아가요. 잠자리의 날개는 얇고, 잘 찢어지지 않아서 빠르게 날 수 있어요.

그리고 여섯 개의 다리로 먹이를 잡아요. 다리에 가시가 있어서 먹이를 놓치지 않고, 잘 잡을 수 있어요.

마지막으로, 입으로 먹이를 씹어 먹어요. 잠자리는 강하고 큰 턱을 가지고 있어서 먹이를 잘 씹을 수 있어요.

7 잠자리는 무엇을 먹고 사나요? ○ 하세요.(2개)

파리

개구리

벌

8 잠자리에 대한 설명으로 옳지 <u>않은</u> 것은 무엇인가요? ○ 하세요.

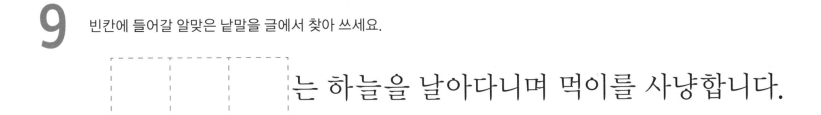

잠자리는 어떻게 먹이를 사냥할까?

눈으로 먹이를 찾아요.

먹이를 발견하면,
네 장의 날개로 날아가요.

꼬리로 먹이를 잡아요.

입으로 먹이를 씹어 먹어요.

9 빈칸에 들어갈 알맞은 낱말을 글에서 찾아 쓰세요.

는 하늘을 날아다니며 먹이를 사냥합니다.

18 | 눈이 왔어요

그림일기

정답과 해설 156쪽

낱말로
만나기

1

바른 문장이 되도록 선으로 연결하세요.

눈송이가   **눈사람**을   **눈썰매**를   **눈싸움**을

내려요.   해요.   만들어요.   타요.

2 [보기]처럼 바른 문장이 되도록 알맞은 낱말을 골라 ◯하세요.

눈썰매   눈송이   가 내려요.

[보기]

눈송이   눈사람   을 만들어요.

눈썰매   눈싸움   를 타요.

눈사람   눈싸움   을 해요.

짧은 글로
만나기

[지훈이의 일기]

오늘 아침, 하늘에서 **눈송이**가 펑펑 내렸다.

나는 형과 함께 밖으로 나가서

눈사람을 만들었다.

3 '오늘 아침', 하늘에서 무엇이 내렸나요?

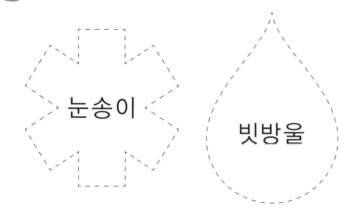

눈송이

빗방울

4 지훈이는 형과 함께 무엇을 만들었나요?

고드름

눈사람

▲ 다음 글을 읽고, 질문에 알맞은 답을 골라 ○ 하세요. [5~6]

[지훈이의 일기]

오늘 오후, 나는 친구들과 함께 눈썰매장에 가서
눈썰매를 탔다.
그다음 친구들과 **눈싸움**도 했다.

5 '오늘 오후', 지훈이는 친구들과 함께 어디에 갔나요?

운동장　　　눈썰매장

6 지훈이는 눈썰매를 탄 다음 친구들과 무엇을 했나요?

눈싸움　　　달리기

긴글로 만나기

그림일기

제목	눈이 왔어요	학년/반/이름	1학년 1반 박지훈
날짜	20○○년 12월 ○일 토요일	날씨	흰 눈이 펑펑
그림			

글	오늘 아침, 하늘에서 눈송이가 펑펑 내렸다. 나는 형과 함께 밖으로 나가서 눈사람을 만들었다. 눈을 뭉쳐서 눈사람의 몸통과 얼굴을 만들고, 나뭇가지 두 개로 팔을 만들어 주었다. 파란색 목도리도 둘러 주었더니 멋진 눈사람이 완성되었다. 　오후에는 친구들과 함께 눈썰매장에 가서 눈썰매를 탔다. 그다음 친구들과 눈싸움도 했다. 정말 신나는 하루였다. 내일도 눈이 펑펑 오면 좋겠다.

7 지훈이는 언제 눈썰매를 탔나요? ○ 하세요.

아침

오후

저녁

8 지훈이가 형과 함께 만든 눈사람은 무엇인가요? ○ 하세요.

9 빈칸에 들어갈 알맞은 낱말을 글에서 찾아 쓰세요.

지훈이는 눈송이가 펑펑 내린 날, 형과 함께 눈사람을 만들고, 친구들과 눈썰매도 타고 　　　도 했습니다.

19 겨울 날씨를 알려요

일기 예보

정답과 해설 158쪽

낱말로
만나기

1 바른 문장이 되도록 선으로 연결하세요.

고드름이   **함박눈**이   **눈보라**가   **빙판길**이

내려요.   달려요.   미끄러워요.   휘몰아쳐요.

2 [보기]처럼 바른 문장이 되도록 알맞은 낱말을 골라 ○하세요.

| 함박눈 | 고드름 | 이 달려요.

| 함박눈 | 빙판길 | 이 내려요.

[보기]

(눈보라) | 고드름 | 가 휘몰아쳐요.

| 눈보라 | 빙판길 | 이 미끄러워요.

짧은 글로
만나기

[일기 예보]

날씨가 추워지면서 지붕 아래에 길게 달린

고드름이 많이 보입니다.

오늘은 **함박눈**이 내릴 것으로 보입니다.

3 날씨가 추워지면서 지붕 아래에 달린 무엇이 많이 보인다고 했나요?

고드름   거미줄

4 '오늘'은 무엇이 내릴 것이라고 했나요?

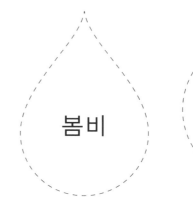

봄비   함박눈

[일기 예보]

눈보라는 강한 바람에 휘몰아쳐 날리는 눈을 말해요.

오늘 저녁에는 **눈보라**가 휘몰아칠 것으로 보입니다.

밤새 눈이 얼면서 내일 아침에는

빙판길이 되는 곳이 많아질 것으로 보입니다.

5 '오늘 저녁'에는 무엇이 휘몰아칠 것이라고 했나요?

눈보라

모래바람

6 '내일 아침'에는 어떤 곳이 많아질 것이라고 했나요?

빙판길이 되는 곳

단풍이 드는 곳

긴 글로 만나기

일기 예보

겨울 날씨를 알려요

〈오늘의 날씨〉 강민지입니다. 날씨를 알려 드립니다.

겨울 내내 추위가 이어지고 있습니다. 날씨가 추워지면서 지붕 아래에 길게 달린 고드름이 많이 보입니다.

오늘은 아침부터 함박눈이 내릴 것으로 보입니다. 저녁에는 눈보라도 강하게 휘몰아칠 것으로 보입니다.

밤새 눈이 얼면서 내일 아침에는 빙판길이 되는 곳이 많아질 것으로 보입니다. 빙판길이 미끄러우니 넘어지지 않도록 조심하시기 바랍니다.

7 어느 계절의 일기 예보인가요?
○ 하세요.

봄	여름
가을	겨울

8 '오늘'의 날씨는 어떠할 것이라고 했나요? ○ 하세요.

함박눈이 내릴 것으로 보입니다.

비가 내릴 것으로 보입니다.

아지랑이가 피어오를 것으로 보입니다.

9 빈칸에 들어갈 알맞은 낱말을 글에서 찾아 쓰세요.

☐☐ 에는 고드름이 달리고, 함박눈이 내리고, 눈보라

가 휘몰아치고, 빙판길이 되는 곳이 생기기도 합니다.

공부한 날

월

일

★ 가을의 모습에 대해 알아보아요.

● 흐린 낱말을 따라 쓰세요.

꽃 이 피어요.

열 매 가 열려요.

단 풍 이 들어요.

낙 엽 이 떨어져요.

★ 잠자리는 먹이를 어떻게 사냥할까요?

● 흐린 낱말을 따라 쓰세요.

눈 으로 먹이를 찾아요.

날 개 로 날아가요.

다 리 로 먹이를 잡아요.

입 으로 먹이를 씹어 먹어요.

★ 눈이 오는 날의 모습을 알아보아요.

● 흐린 낱말을 따라 쓰세요.

눈 송 이 가 내려요.

눈 사 람 을 만들어요.

눈 썰 매 를 타요.

눈 싸 움 을 해요.

★ 겨울 날씨를 알아보아요.

● 흐린 낱말을 따라 쓰세요.

고드름 이 달려요.

눈보라 가 휘몰아쳐요.

함박눈 이 내려요.

빙판길 이 미끄러워요.

가을에 볼 수 있는 동물

메뚜기

가을이 되면 논에서 메뚜기를 볼 수 있어요. 메뚜기는 힘센 뒷다리가 있어서 잘 뛰어다녀요.

귀뚜라미

가을이 되면 풀밭에서 귀뚜라미가 우는 소리를 들을 수 있어요. 수컷 귀뚜라미는 싸우거나, 암컷을 부를 때 '귀뚤귀뚤' 소리를 내며 울어요.

다람쥐

가을이 되면 나무에서 다람쥐를 볼 수 있어요. 다람쥐는 볼 안에 있는 볼주머니에 도토리 같은 먹이를 저장해서 옮겨요.

정답과 해설

이렇게 지도해 주세요.

본책 [낱말로 만나기]의 1, 2번 문항에 나오는 문장들은 [긴 글로 만나기]의 지문에서 발췌한 것입니다.

이 문장들은 사전적 정의 및 예문을 참고하였습니다. 이는 어휘가 문장 안에서 어떻게 쓰이는지, 어휘의 쓰임을 정확하게 알려 주기 위해서입니다.

따라서 문학적으로 허용한다면 1, 2번 문항의 문장은 다양하게 만들어질 수 있습니다. 이 점 고려하여 아이들을 지도해 주시기 바랍니다.

부가 학습 자료

www.keymedia.co.kr

키출판사 홈페이지를 통해 부가 학습 자료를 이용하실 수 있습니다.

01. 무지개 마을의 동물들 / 8~13쪽

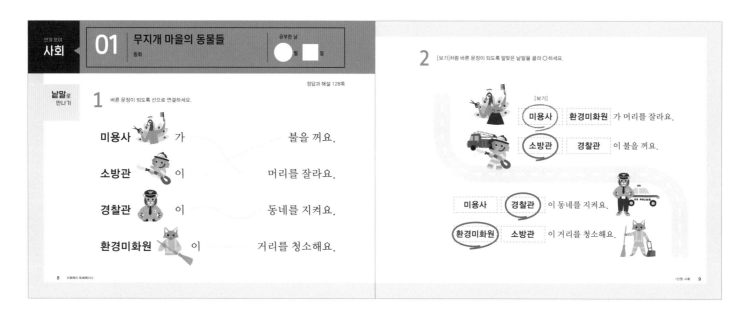

〈동화〉

동화는 글쓴이가 있음 직한
이야기를 상상하여 어린이를
위해서 쓴 글이에요. 이 글은
다양한 직업을 가진 동물들의
이야기예요.

더 알아보기

다양한 직업

농부 | 벼, 채소, 과일 등을 기르는 일을 해요.

의사 | 아픈 곳을 치료하는 일을 해요.

집배원 | 우편물을 배달하는 일을 해요.

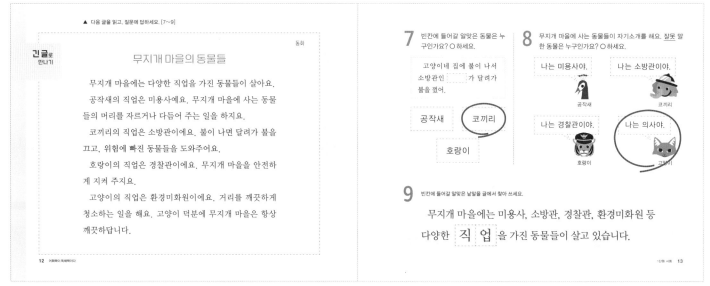

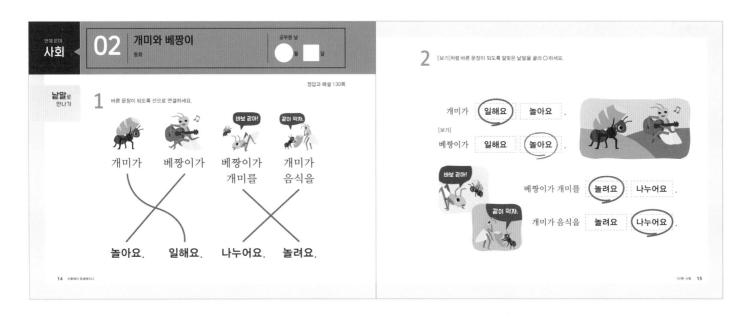

〈동화〉

동화는 글쓴이가 있음 직한 이야기를 상상하여 어린이를 위해서 쓴 글이에요. 이 글은 개미와 베짱이의 이야기예요.

 더 알아보기

개미의 종류

일개미 ┃ 집을 짓거나 먹이를 날라 모으는 일을 해요.

여왕개미 ┃ 개미 무리의 우두머리로, 알을 낳는 일을 해요.

수개미 ┃ 여왕개미와 짝짓기하는 일을 해요.

병정개미 ┃ 다른 곤충이나 동물로부터 개미들을 보호하는 일을 해요.

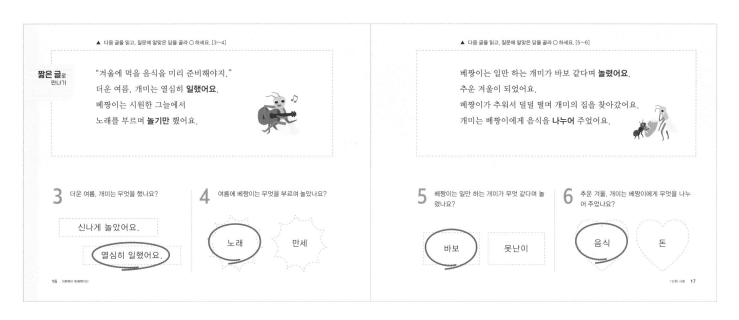

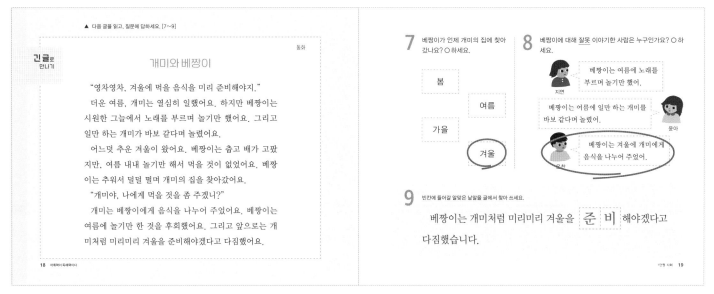

03. 재활용 화분 만들기 / 20~25쪽

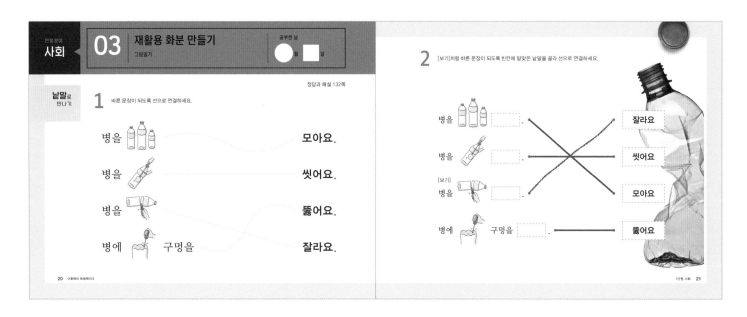

〈그림일기〉

그림일기는 오늘 일어난 일에 대해 글과 그림으로 표현한 글이에요. 이 글은 페트병으로 재활용 화분을 만든 것에 대한 그림일기예요.

➕ 더 알아보기

재활용 쓰레기의 종류

- **유리** : 주스 병 등
- **종이** : 우유 팩, 과자 상자 등
- **캔** : 깡통, 음료수 캔 등
- **플라스틱** : 페트병, 샴푸 용기, 요구르트병 등

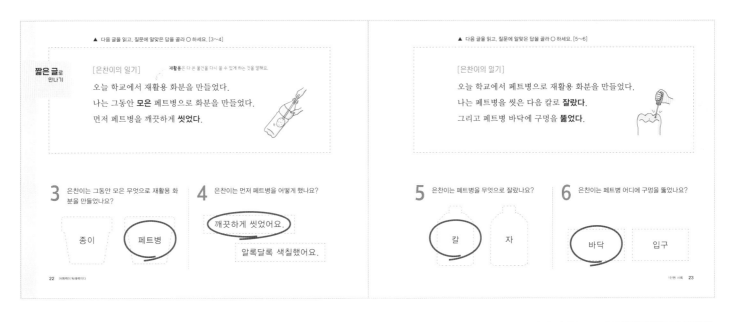

짧은 글로 만나기

[은찬이의 일기]

재활용은 다 쓴 물건을 다시 쓸 수 있게 하는 것을 말해요.

오늘 학교에서 재활용 화분을 만들었다.
나는 그동안 **모은** 페트병으로 화분을 만들었다.
먼저 페트병을 깨끗하게 **씻었다.**

3 은찬이는 그동안 모은 무엇으로 재활용 화분을 만들었나요?

종이 （페트병）

4 은찬이는 먼저 페트병을 어떻게 했나요?

（깨끗하게 씻었어요.）

알록달록 색칠했어요.

[은찬이의 일기]

오늘 학교에서 페트병으로 재활용 화분을 만들었다.
나는 페트병을 씻은 다음 칼로 **잘랐다.**
그리고 페트병 바닥에 구멍을 **뚫었다.**

5 은찬이는 페트병을 무엇으로 잘랐나요?

（칼） 자

6 은찬이는 페트병 어디에 구멍을 뚫었나요?

（바닥） 입구

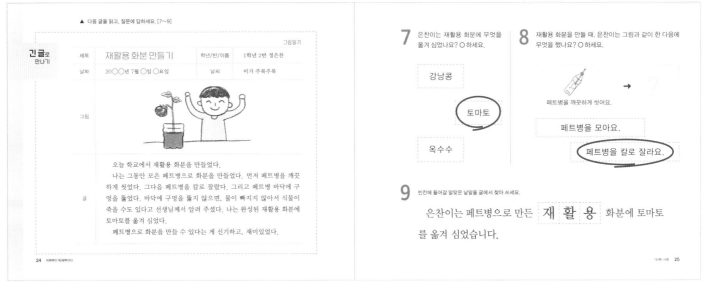

긴 글로 만나기

그림일기

제목	재활용 화분 만들기	학년/반/이름	1학년 2반 정은찬
날짜	20○○년 7월 ○일 ○요일	날씨	비가 주룩주룩

그림

오늘 학교에서 재활용 화분을 만들었다.
나는 그동안 모은 페트병으로 화분을 만들었다. 먼저 페트병을 깨끗
하게 씻었다. 그다음 페트병을 칼로 잘랐다. 그리고 페트병 바닥에 구
멍을 뚫었다. 바닥에 구멍을 뚫지 않으면, 물이 빠지지 않아서 식물이
죽을 수도 있다고 선생님께서 알려 주셨다. 나는 완성된 재활용 화분에
토마토를 옮겨 심었다.
페트병으로 화분을 만들 수 있다는 게 신기하고, 재미있었다.

7 은찬이는 재활용 화분에 무엇을 옮겨 심었나요? ○하세요.

강낭콩

（토마토）

옥수수

8 재활용 화분을 만들 때, 은찬이는 그림과 같이 한 다음에 무엇을 했나요? ○하세요.

→

페트병을 깨끗하게 씻어요.

페트병을 모아요.

（페트병을 칼로 잘라요.）

9 빈칸에 들어갈 알맞은 낱말을 글에서 찾아 쓰세요.

은찬이는 페트병으로 만든 **재 활 용** 화분에 토마토
를 옮겨 심었습니다.

04. 공공장소에서 지켜야 할 규칙 / 26~31쪽

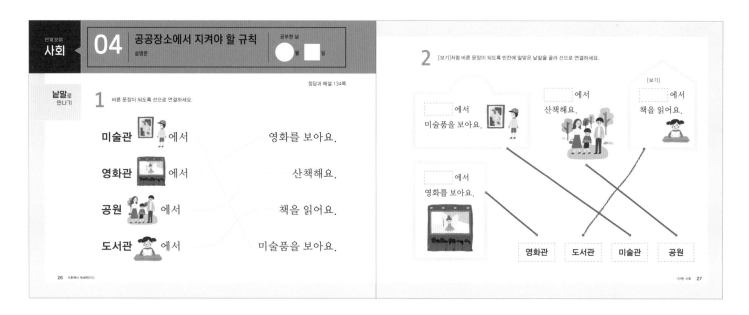

〈설명문〉

설명문은 지식이나 정보를 전달하기 위해 쓴 글이에요. 이 글은 공공장소에서 지켜야 하는 규칙을 설명하는 글이에요.

➕ 더 알아보기

공공장소에서 지켜야 할 일

- **동물원** : 눈으로만 동물을 관찰해요.
- **마트** : 뛰어다니거나 장난을 치지 않아요.
- **은행** : 번호표를 뽑고, 순서가 될 때까지 기다려요.

짧은 글로 만나기

미술관, 영화관 등 공공장소는
여러 사람이 함께 이용하는 곳입니다.
미술관은 미술품을 볼 수 있는 곳입니다.
영화관은 영화를 볼 수 있는 곳입니다.

미술품은 그림이나 조각 작품을 말해요.

3 미술품을 볼 수 있는 공공장소는 어디인가요?

공원 (미술관)

4 영화관은 무엇을 볼 수 있는 공공장소인가요?

(영화) 꽃

공원, 도서관 등 공공장소는
여러 사람이 함께 이용하는 곳입니다.
공원은 산책할 수 있는 곳입니다.
도서관은 책을 읽거나 빌릴 수 있는 곳입니다.

5 산책할 수 있는 공공장소는 어디인가요?

(공원) 도서관

6 도서관은 무엇을 할 수 있는 공공장소인가요?

(책 읽기) 공차기

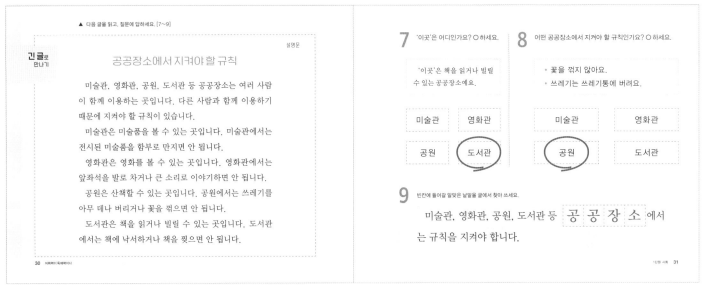

긴 글로 만나기

설명문

공공장소에서 지켜야 할 규칙

미술관, 영화관, 공원, 도서관 등 공공장소는 여러 사람이 함께 이용하는 곳입니다. 다른 사람과 함께 이용하기 때문에 지켜야 할 규칙이 있습니다.

미술관은 미술품을 볼 수 있는 곳입니다. 미술관에서는 전시된 미술품을 함부로 만지면 안 됩니다.

영화관은 영화를 볼 수 있는 곳입니다. 영화관에서는 앞좌석을 발로 차거나 큰 소리로 이야기하면 안 됩니다.

공원은 산책할 수 있는 곳입니다. 공원에서는 쓰레기를 아무 데나 버리거나 꽃을 꺾으면 안 됩니다.

도서관은 책을 읽거나 빌릴 수 있는 곳입니다. 도서관에서는 책에 낙서하거나 책을 찢으면 안 됩니다.

7 '이곳'은 어디인가요? ○ 하세요.

'이곳'은 책을 읽거나 빌릴 수 있는 공공장소예요.

미술관 영화관

공원 (도서관)

8 어떤 공공장소에서 지켜야 할 규칙인가요? ○ 하세요.

• 꽃을 꺾지 않아요.
• 쓰레기는 쓰레기통에 버려요.

미술관 영화관

(공원) 도서관

9 빈칸에 들어갈 알맞은 낱말을 글에서 찾아 쓰세요.

미술관, 영화관, 공원, 도서관 등 공 공 장 소 에서는 규칙을 지켜야 합니다.

06. 악기를 연주하는 방법 / 38~43쪽

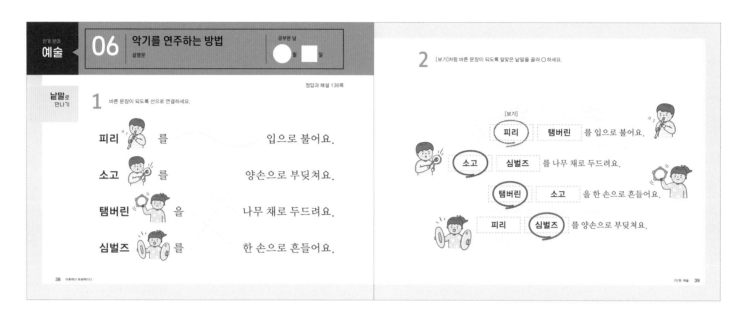

〈설명문〉

설명문은 지식이나 정보를 전달하기 위해 쓴 글이에요. 이 글은 악기를 연주하는 방법을 설명하는 글이에요.

더 알아보기

리듬 악기와 가락 악기

리듬 악기 | 리듬 악기는 박자와 리듬을 표현할 수 있는 악기예요. 소고, 탬버린, 심벌즈 등이 리듬 악기예요.

가락 악기 | 가락 악기는 일정한 음을 쳐서 음의 높고 낮음을 표현할 수 있는 악기예요. 피아노, 피리 등이 가락 악기예요.

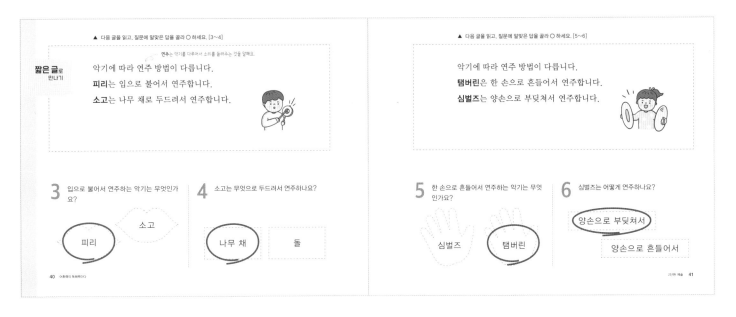

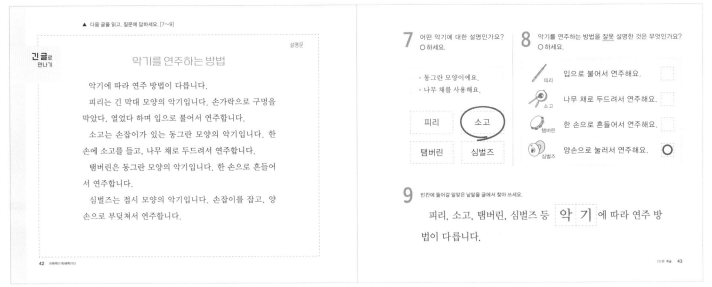

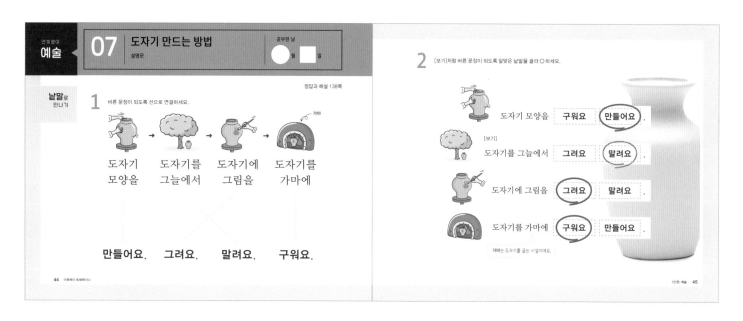

〈설명문〉

설명문은 지식이나 정보를 전달하기 위해 쓴 글이에요. 이 글은 도자기 만드는 방법을 설명하는 글이에요.

 더 알아보기

도자기

도자기는 흙으로 모양을 만들고 불에 구워서 만들어 낸 그릇으로, 도기와 자기가 합쳐진 말이에요.

도기 | 도기는 진흙으로 만들어 낮은 온도에서 구운 그릇을 말해요. 벽돌, 항아리 등이 도기예요.

자기 | 자기는 진흙보다 고운 흙으로 만들어 높은 온도에서 구운 그릇을 말해요. 찻잔, 화병, 주전자 등이 자기예요.

짧은 글로 만나기

[도자기 만드는 방법]

1. 찰흙으로 도자기 모양을 **만들어요.**

2. 도자기를 그늘에서 **말려요.**

3 도자기를 만들 때, 무엇으로 도자기 모양을 만드나요?

찰흙 밀가루

4 도자기를 만들 때, 도자기를 어디에서 말리나요?

햇볕 그늘

[도자기 만드는 방법]

3. 도자기에 물감으로 그림을 **그려요.**

4. 도자기를 가마에 **구워요.**

5 도자기를 만들 때, 도자기에 무엇으로 그림을 그리나요?

물감 연필

6 도자기를 만들 때, 도자기를 어디에 굽나요?

냄비 가마

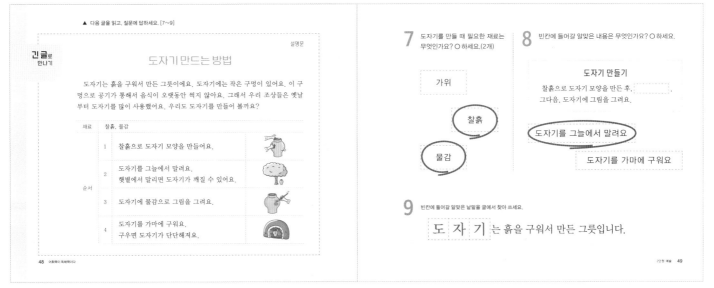

긴 글로 만나기

설명문

도자기 만드는 방법

도자기는 흙을 구워서 만든 그릇이에요. 도자기에는 작은 구멍이 있어요. 이 구멍으로 공기가 통해서 음식이 오랫동안 썩지 않아요. 그래서 우리 조상들은 옛날부터 도자기를 많이 사용했어요. 우리도 도자기를 만들어 볼까요?

재료	찰흙, 물감	
순서	1	찰흙으로 도자기 모양을 만들어요.
	2	도자기를 그늘에서 말려요. 햇볕에서 말리면 도자기가 깨질 수 있어요.
	3	도자기에 물감으로 그림을 그려요.
	4	도자기를 가마에 구워요. 구우면 도자기가 단단해져요.

7 도자기를 만들 때 필요한 재료는 무엇인가요? ○하세요.(2개)

가위

찰흙

물감

8 빈칸에 들어갈 알맞은 내용은 무엇인가요? ○하세요.

도자기 만들기

찰흙으로 도자기 모양을 만든 후, ____.
그다음, 도자기에 그림을 그려요.

도자기를 그늘에서 말려요

도자기를 가마에 구워요

9 빈칸에 들어갈 알맞은 낱말을 글에서 찾아 쓰세요.

도 자 기 는 흙을 구워서 만든 그릇입니다.

〈동시〉

동시는 어린이가 쓰거나 어른이 어린이의 마음에 맞추어 쓴 시를 말해요. 이 글은 눈사람에 대한 동시예요.

 더 알아보기

눈을 표현하는 우리말

눈꽃 | 나뭇가지에 꽃이 핀 것처럼 얼린 눈을 말해요.

눈보라 | 강한 바람에 휘몰아쳐 날리는 눈을 말해요.

진눈깨비 | 비가 섞여 내리는 눈을 말해요.

함박눈 | 굵고 탐스럽게 내리는 눈을 말해요.

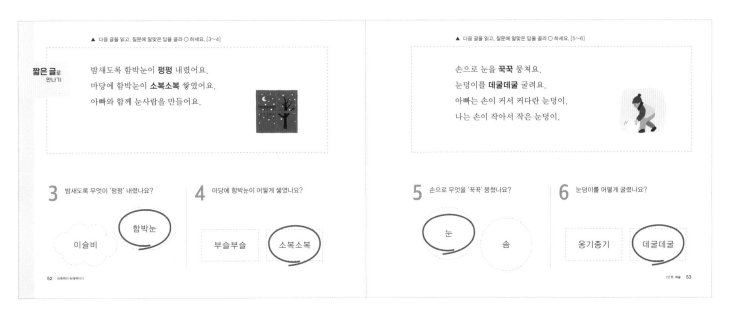

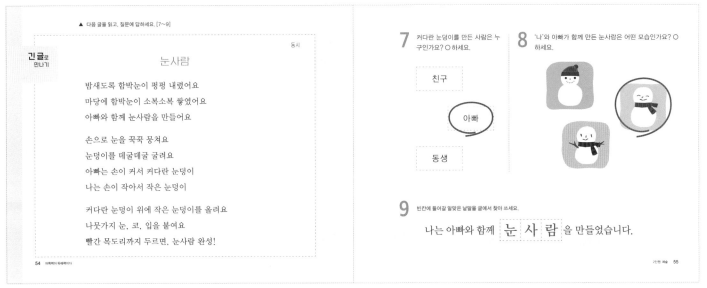

09. 세상의 색깔 / 56~61쪽

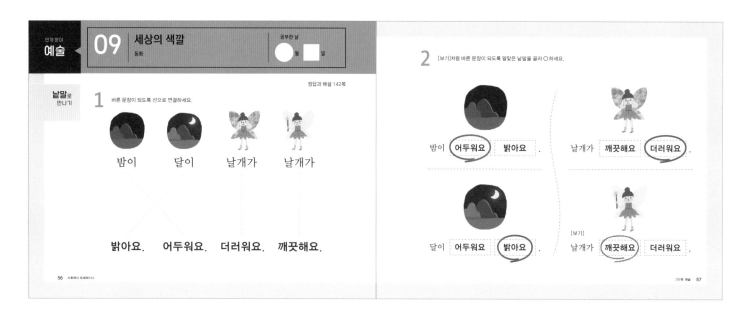

〈동화〉

동화는 글쓴이가 있음 직한 이야기를 상상하여 어린이를 위해서 쓴 글이에요. 이 글은 요정들이 세상에 색깔을 칠한 이야기예요.

➕ 더 알아보기

색이 주는 느낌

따뜻한 느낌을 주는 색		차가운 느낌을 주는 색	
▲ 빨강	▲ 누랑	▲ 파란	▲ 남색

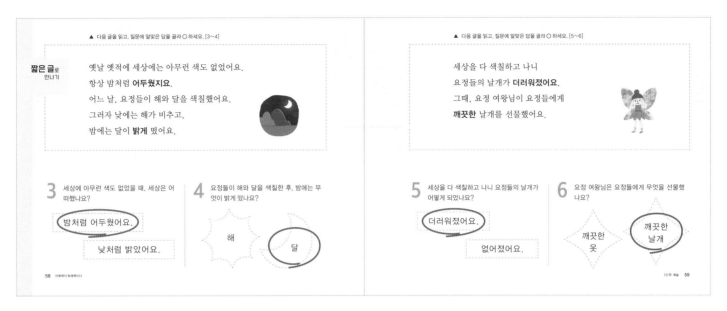

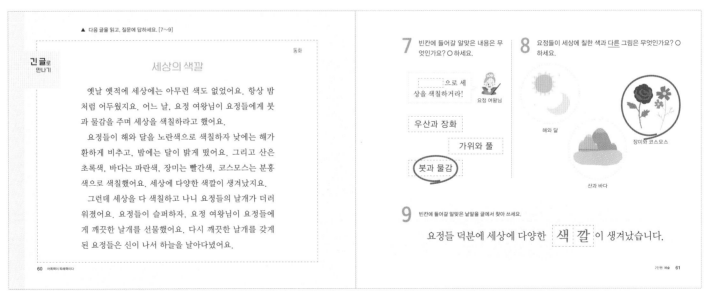

11. 여러 가지 대중교통 / 68~73쪽

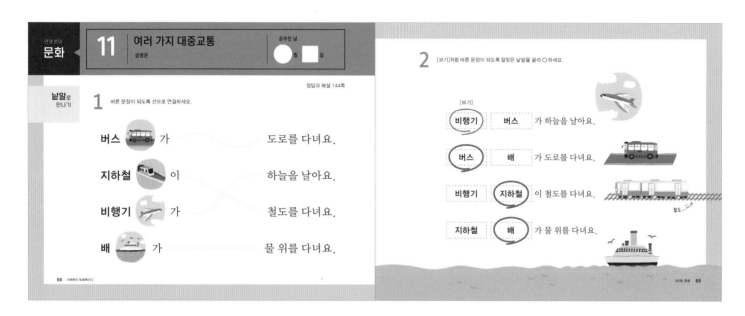

〈설명문〉

설명문은 지식이나 정보를 전달하기 위해 쓴 글이에요. 이 글은 여러 가지 대중교통을 설명하는 글이에요.

 더 알아보기

버스를 이용할 때 지켜야 할 일

- 버스를 타고 내릴 때에는 차례를 지켜요.
- 버스 안에서 큰 소리로 떠들지 않아요.
- 버스 안에서 앞좌석을 발로 차지 않아요.
- 버스 안에 쓰레기를 함부로 버리지 않아요.

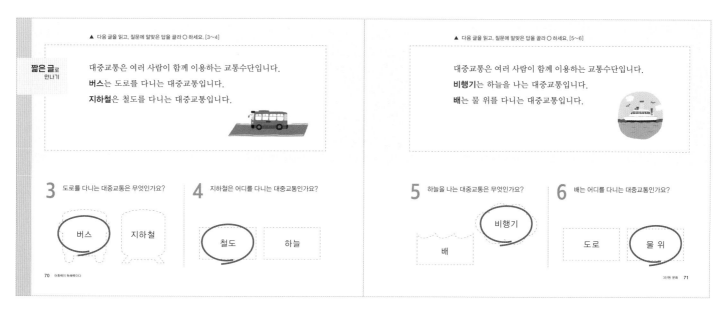

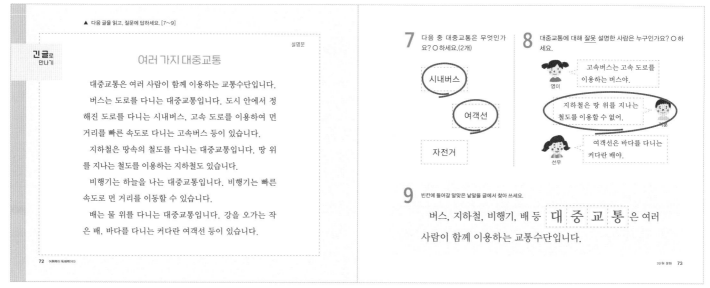

12. 우리나라의 민속놀이 / 74~79쪽

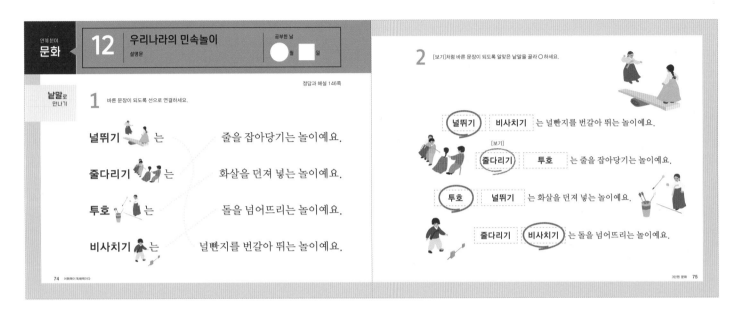

 **〈설명문〉**

설명문은 지식이나 정보를 전달하기 위해 쓴 글이에요. 이 글은 우리나라의 민속놀이를 설명하는 글이에요.

➕ 더 알아보기

놀이를 하기 전에 주의해야 할 점

- 친구와 장난치지 않아요.
- 잘 못하는 친구를 놀리지 않아요.
- 규칙을 지키고 안전하게 놀이를 해요.
- 화살이나 돌 등 위험한 물건을 친구에게 던지지 않아요.

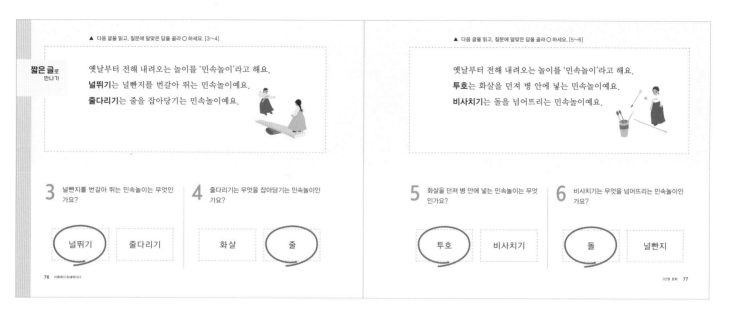

짧은 글로 만나기

옛날부터 전해 내려오는 놀이를 '민속놀이'라고 해요.
널뛰기는 널빤지를 번갈아 뛰는 민속놀이예요.
줄다리기는 줄을 잡아당기는 민속놀이예요.

3 널빤지를 번갈아 뛰는 민속놀이는 무엇인 가요?

[널뛰기] [줄다리기]

4 줄다리기는 무엇을 잡아당기는 민속놀이인 가요?

[화살] [줄]

옛날부터 전해 내려오는 놀이를 '민속놀이'라고 해요.
투호는 화살을 던져 병 안에 넣는 민속놀이예요.
비사치기는 돌을 넘어뜨리는 민속놀이예요.

5 화살을 던져 병 안에 넣는 민속놀이는 무엇 인가요?

[투호] [비사치기]

6 비사치기는 무엇을 넘어뜨리는 민속놀이인 가요?

[돌] [널빤지]

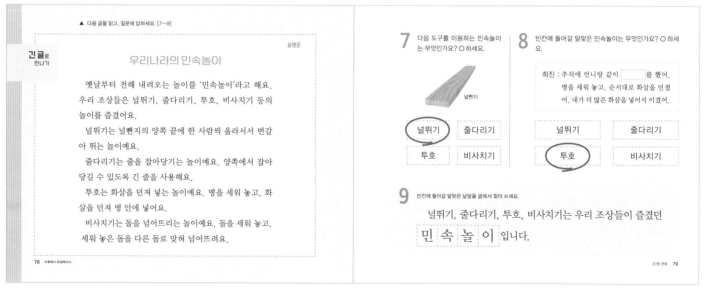

긴 글로 만나기

설명문

우리나라의 민속놀이

옛날부터 전해 내려오는 놀이를 '민속놀이'라고 해요.
우리 조상들은 널뛰기, 줄다리기, 투호, 비사치기 등의
놀이를 즐겼어요.

널뛰기는 널빤지의 양쪽 끝에 한 사람씩 올라서서 번갈
아 뛰는 놀이예요.

줄다리기는 줄을 잡아당기는 놀이예요. 양쪽에서 잡아
당길 수 있도록 긴 줄을 사용해요.

투호는 화살을 던져 넣는 놀이예요. 병을 세워 놓고, 화
살을 던져 병 안에 넣어요.

비사치기는 돌을 넘어뜨리는 놀이예요. 돌을 세워 놓고,
세워 놓은 돌을 다른 돌로 맞혀 넘어뜨려요.

7 다음 도구를 이용하는 민속놀이 는 무엇인가요? ○ 하세요.

널빤지

[널뛰기] [줄다리기]
[투호] [비사치기]

8 빈칸에 들어갈 알맞은 민속놀이는 무엇인가요? ○ 하세 요.

희진 : 추석에 언니랑 같이 [   ]를 했어.
병을 세워 놓고, 순서대로 화살을 던졌
어. 내가 더 많은 화살을 넣어서 이겼어.

[널뛰기] [줄다리기]
[투호] [비사치기]

9 빈칸에 들어갈 알맞은 낱말을 글에서 찾아 쓰세요.

널뛰기, 줄다리기, 투호, 비사치기는 우리 조상들이 즐겼던

민 속 놀 이 입니다.

13. 지유의 추석 / 80~85쪽

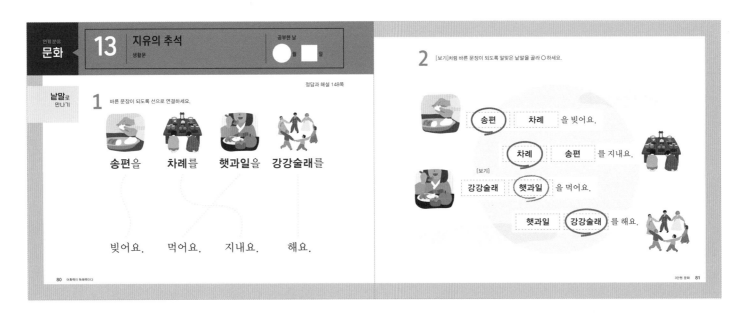

〈생활문〉

생활문은 일상생활에서 겪은 일을 중심으로 쓴 글이에요. 일기나 편지, 감상문 등이 생활문이에요. 이 글은 추석에 겪은 일에 대한 글이에요.

✚ 더 알아보기

송편

송편은 추석에 먹는 대표적인 음식으로, 반죽한 쌀가루에 소를 넣어 찐 음식이에요. '소'는 송편을 만들 때 속에 넣는 재료를 말해요. 팥이나 콩, 깨 같은 것을 넣어요.

▲ 송편

짧은 글로 만나기

우리나라의 명절, 추석이 다가와요.
추석 전날, 지유는 할머니와 함께 **송편**을 빚었어요.
추석날 아침, 지유네 가족은 **차례**를 지냈어요.

차례는 추석이나 설날에 지내는 제사를 말해요.

3 추석 전날, 지유는 할머니와 함께 무엇을 빚었나요?

만두 / (송편)

4 추석날 아침, 지유네 가족은 무엇을 했나요?

(차례를 지냈어요.)

송편을 먹었어요.

82 어휘력이 독해력이다

우리나라의 명절, 추석이에요.
추석날 아침, 지유는 감, 배 등 **햇과일**을 먹었어요.
추석날 저녁, 지유는 가족과 함께
강강술래도 했어요.

햇과일은 새로 난 과일을 말해요.

5 추석날 아침, 지유는 무엇을 먹었나요?

케이크 / (햇과일)

6 추석날 저녁, 지유는 가족과 함께 무엇을 했나요?

(강강술래) / 제기차기

기관된 문화 83

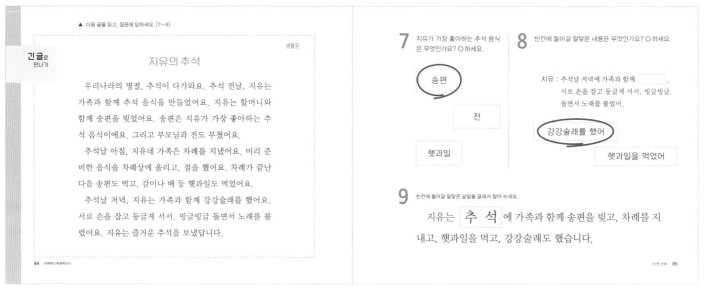

긴 글로 만나기

생활문

지유의 추석

우리나라의 명절, 추석이 다가와요. 추석 전날, 지유는 가족과 함께 추석 음식을 만들었어요. 지유는 할머니와 함께 송편을 빚었어요. 송편은 지유가 가장 좋아하는 추석 음식이에요. 그리고 부모님과 전도 부쳤어요.

추석날 아침, 지유네 가족은 차례를 지냈어요. 미리 준비한 음식을 차례상에 올리고, 절을 했어요. 차례가 끝난 다음 송편도 먹고, 감이나 배 등 햇과일도 먹었어요.

추석날 저녁, 지유는 가족과 함께 강강술래를 했어요. 서로 손을 잡고 둥글게 서서, 빙글빙글 돌면서 노래를 불렀어요. 지유는 즐거운 추석을 보냈답니다.

84 어휘력이 독해력이다

7 지유가 가장 좋아하는 추석 음식은 무엇인가요? ○ 하세요.

(송편)

전

햇과일

8 빈칸에 들어갈 알맞은 내용은 무엇인가요? ○ 하세요.

지유 : 추석날 저녁에 가족과 함께 ____.
서로 손을 잡고 둥글게 서서, 빙글빙글 돌면서 노래를 불렀어.

(강강술래를 했어)

햇과일을 먹었어

9 빈칸에 들어갈 알맞은 날말을 글에서 찾아 쓰세요.

지유는 **추 석**에 가족과 함께 송편을 빚고, 차례를 지내고, 햇과일을 먹고, 강강술래도 했습니다.

기관된 문화 85

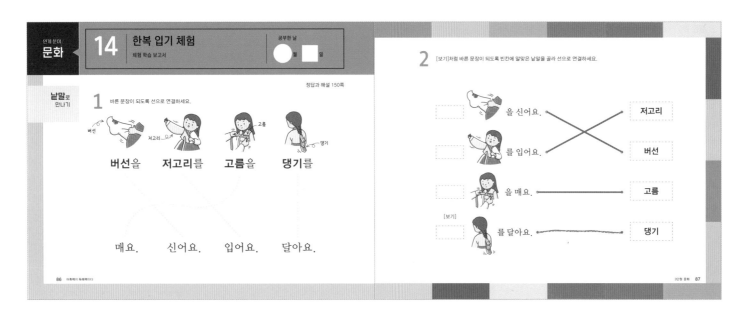

〈체험 학습 보고서〉

체험 학습 보고서는 체험 활동을 다녀온 다음에 쓰는 보고서예요. 이 글은 한복 입기 체험을 한 다음에 쓴 보고서예요.

➕ 더 알아보기

한복의 명칭

▲ 여자 한복

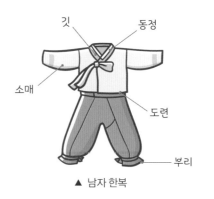

▲ 남자 한복

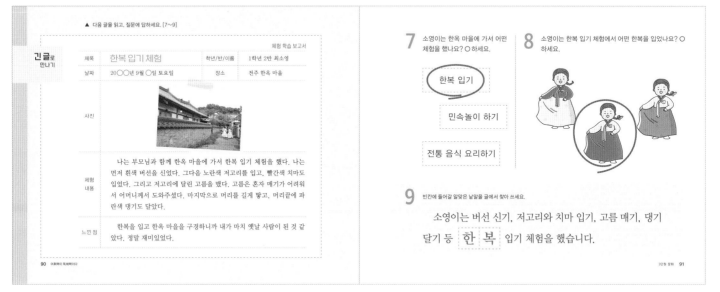

16. 가을의 모습 / 98~103쪽

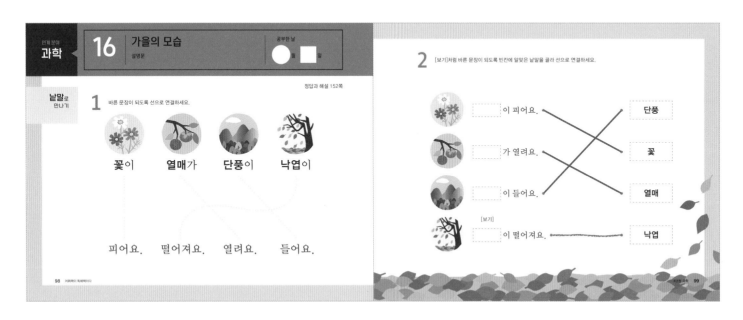

〈설명문〉

설명문은 지식이나 정보를 전
달하기 위해 쓴 글이에요. 이
글은 가을의 모습을 설명하는
글이에요.

＋ 더 알아보기

가을에 수확하는 곡식, 채소, 과일

- **곡식** : 벼, 메밀, 옥수수 등
- **채소** : 무, 들깨, 도라지 등
- **과일** : 사과, 감, 배, 대추 등

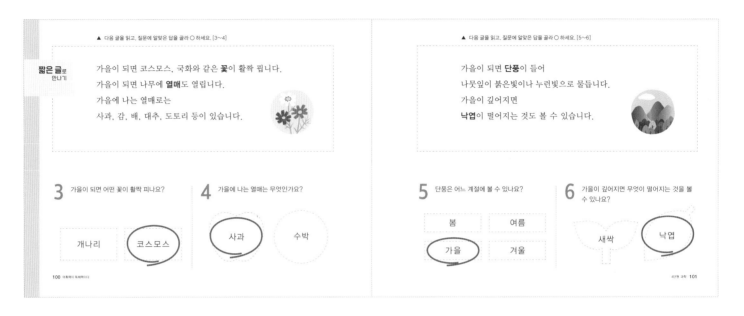

짧은 글로 만나기

가을이 되면 코스모스, 국화와 같은 **꽃**이 활짝 핍니다.
가을이 되면 나무에 **열매**도 열립니다.
가을에 나는 열매로는
사과, 감, 배, 대추, 도토리 등이 있습니다.

3 가을이 되면 어떤 꽃이 활짝 피나요?

개나리   （코스모스）

4 가을에 나는 열매는 무엇인가요?

（사과）   수박

가을이 되면 **단풍**이 들어
나뭇잎이 붉은빛이나 누런빛으로 물듭니다.
가을이 깊어지면
낙엽이 떨어지는 것도 볼 수 있습니다.

5 단풍은 어느 계절에 볼 수 있나요?

봄   여름
（가을）   겨울

6 가을이 깊어지면 무엇이 떨어지는 것을 볼 수 있나요?

새싹   （낙엽）

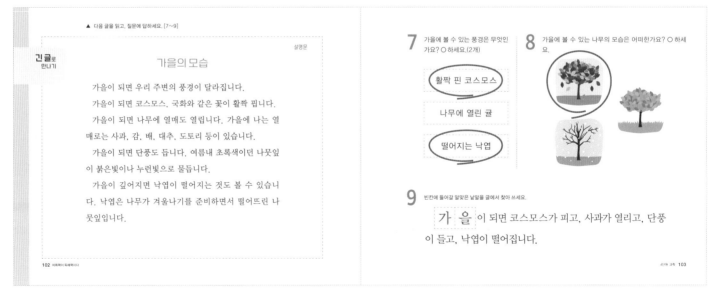

긴 글로 만나기

설명문

가을의 모습

가을이 되면 우리 주변의 풍경이 달라집니다.
가을이 되면 코스모스, 국화와 같은 꽃이 활짝 핍니다.
가을이 되면 나무에 열매도 열립니다. 가을에 나는 열매로는 사과, 감, 배, 대추, 도토리 등이 있습니다.
가을이 되면 단풍도 듭니다. 여름내 초록색이던 나뭇잎이 붉은빛이나 누런빛으로 물듭니다.
가을이 깊어지면 낙엽이 떨어지는 것도 볼 수 있습니다. 낙엽은 나무가 겨울나기를 준비하면서 떨어뜨린 나뭇잎입니다.

7 가을에 볼 수 있는 풍경은 무엇인가요? ○ 하세요.(2개)

（활짝 핀 코스모스）
나무에 열린 귤
（떨어지는 낙엽）

8 가을에 볼 수 있는 나무의 모습은 어떠한가요? ○ 하세요.

9 빈칸에 들어갈 알맞은 낱말을 글에서 찾아 쓰세요.

가 을 이 되면 코스모스가 피고, 사과가 열리고, 단풍이 들고, 낙엽이 떨어집니다.

17. 잠자리의 먹이 사냥 / 104~109쪽

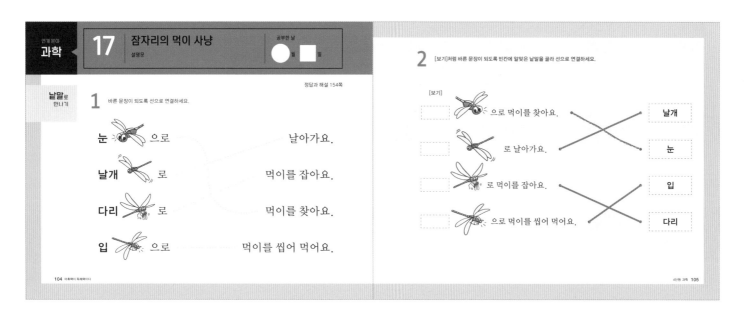

〈설명문〉

설명문은 지식이나 정보를 전달하기 위해 쓴 글이에요. 이 글은 잠자리가 먹이를 사냥하는 방법을 설명하는 글이에요.

➕ 더 알아보기

잠자리

눈 | 잠자리는 커다란 눈을 가지고 있어요. 그래서 고개를 돌리지 않고도 뒤를 볼 수 있지요.

입 | 잠자리의 입에는 송곳니 같은 돌기가 있어요. 그래서 먹이를 잘 씹을 수 있지요.

다리 | 잠자리의 다리에는 가시가 많아요. 그래서 먹이를 잡기에 좋지요.

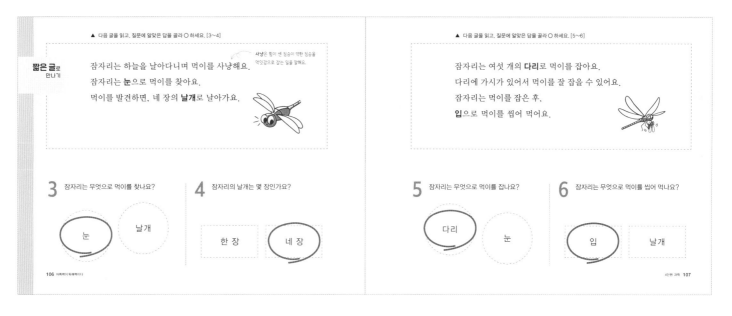

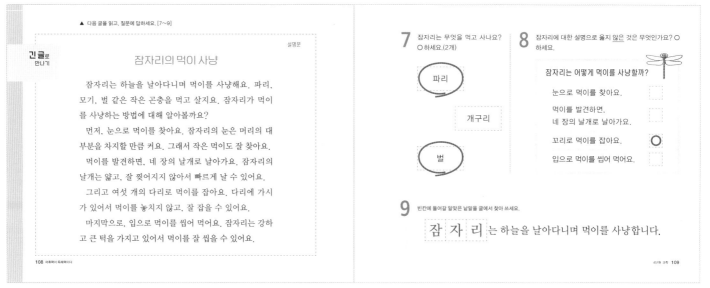

18. 눈이 왔어요 / 110~115쪽

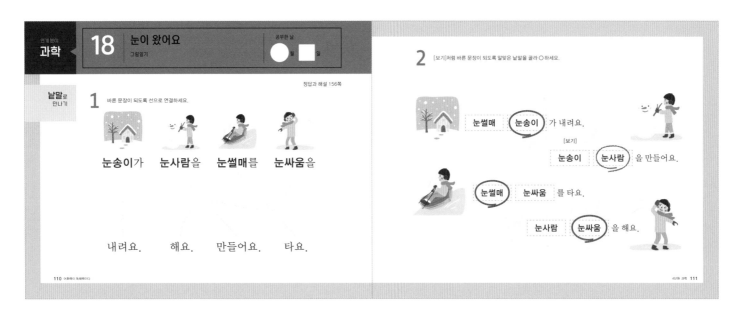

〈그림일기〉

그림일기는 오늘 일어난 일에 대해 글과 그림으로 표현한 글이에요. 이 글은 눈이 온 날 한 일에 대한 그림일기예요.

➕ 더 알아보기

겨울철 운동에 필요한 도구

▲ 스키를 탈 때 필요한 도구

▲ 스케이트를 탈 때 필요한 도구

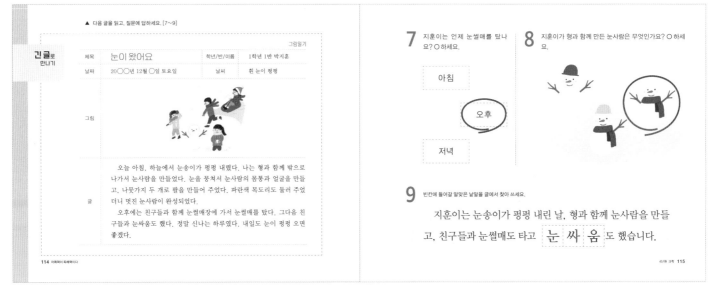

19. 겨울 날씨를 알려요 / 116~121쪽

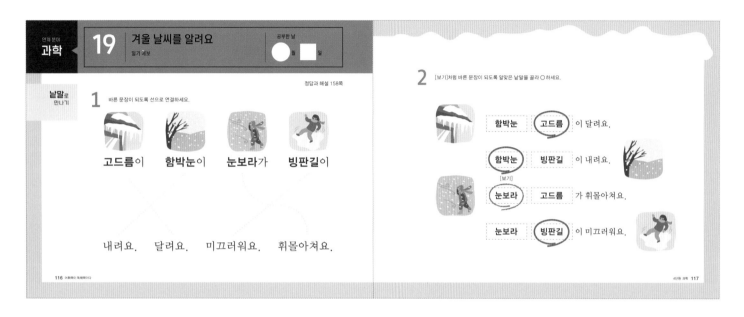

〈일기 예보〉

일기 예보는 앞으로의 날씨를 예상하여 미리 알려 주는 거예요. 이 글은 겨울 날씨를 알려 주는 일기 예보예요.

 더 알아보기

겨울 날씨와 그에 따른 생활 도구

- **건조해요** : 보습제, 가습기 등
- **추워요** : 장갑, 목도리, 귀마개, 모자, 마스크, 난로 등
- **땅이 얼어요** : 제설제, 타이어체인, 모래 등

※ 제설제 : 도로에 쌓이는 눈을 녹이는 것이에요.

▲ 다음 글을 읽고, 질문에 알맞은 답을 골라 ○하세요. [3~4]

짧은 글로 만나기

[일기 예보]

날씨가 추워지면서 지붕 아래에 길게 달린 **고드름**이 많이 보입니다.

오늘은 **함박눈**이 내릴 것으로 보입니다.

3 날씨가 추워지면서 지붕 아래에 달린 무엇이 많이 보인다고 했나요?

(고드름) 거미줄

4 '오늘'은 무엇이 내릴 것이라고 했나요?

봄비 (함박눈)

118 어휘력이 독해력이다

▲ 다음 글을 읽고, 질문에 알맞은 답을 골라 ○하세요. [5~6]

[일기 예보] 눈보라는 강한 바람에 휘몰아쳐 날리는 눈을 말해요

오늘 저녁에는 **눈보라**가 휘몰아칠 것으로 보입니다.

밤새 눈이 얼면서 내일 아침에는 **빙판길**이 되는 곳이 많아질 것으로 보입니다.

5 '오늘 저녁'에는 무엇이 휘몰아칠 것이라고 했나요?

(눈보라) 모래바람

6 '내일 아침'에는 어떤 곳이 많아질 것이라고 했나요?

(빙판길이 되는 곳)

단풍이 드는 곳

4단원 과학 119

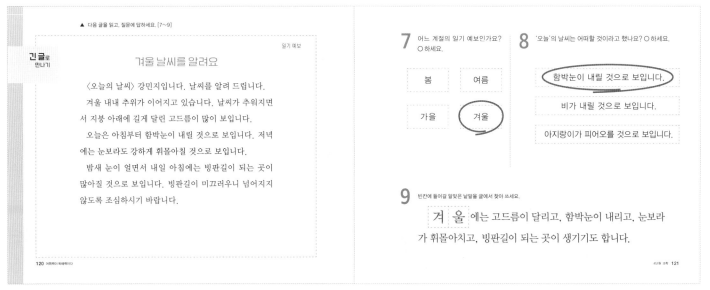

▲ 다음 글을 읽고, 질문에 답하세요. [7~9]

긴 글로 만나기

일기 예보

겨울 날씨를 알려요

〈오늘의 날씨〉 강민지입니다. 날씨를 알려 드립니다.

겨울 내내 추위가 이어지고 있습니다. 날씨가 추워지면서 지붕 아래에 길게 달린 고드름이 많이 보입니다.

오늘은 아침부터 함박눈이 내릴 것으로 보입니다. 저녁에는 눈보라도 강하게 휘몰아칠 것으로 보입니다.

밤새 눈이 얼면서 내일 아침에는 빙판길이 되는 곳이 많아질 것으로 보입니다. 빙판길이 미끄러우니 넘어지지 않도록 조심하시기 바랍니다.

120 어휘력이 독해력이다

7 어느 계절의 일기 예보인가요? ○하세요.

봄 여름

가을 (겨울)

8 '오늘'의 날씨는 어떠할 것이라고 했나요? ○하세요.

(함박눈이 내릴 것으로 보입니다.)

비가 내릴 것으로 보입니다.

아지랑이가 피어오를 것으로 보입니다.

9 빈칸에 들어갈 알맞은 낱말을 글에서 찾아 쓰세요.

| 겨 | 울 |에는 고드름이 달리고, 함박눈이 내리고, 눈보라가 휘몰아치고, 빙판길이 되는 곳이 생기기도 합니다.

4단원 과학 121